Obras del mismo autor

Poesía:

Bríos de juventud
Asíntotas
El giróscopo y los signos
Los imperios en los patios
In nomine patriæ
Viernes ajenos
Tuam

Ensayo:

Emails from America
Los ensayos de la muerte

Mariano Ortega

El otro en el espejo

Una visión personal del mexicano

fomeq
fomento educativo de querétaro

A la memoria de

Diana, Consuelo, Olivia y Celia González Sánchez

...donde fuimos dejando nuestros nombres
donde fuimos dejando nuestras caras
hasta encontrar al otro en el espejo

Proemio

Yo que sólo canté de la exquisita
partitura del íntimo decoro,
alzo hoy la voz a la mitad del foro
....
para cortar a la epopeya un gajo

López Velarde: *Suave Patria*

A veces, uno se encuentra sin buscarse; a veces, uno se busca sin saberlo; a veces, sin buscarse o sin saberlo, uno se descubre en el otro, al verse sin querer en el espejo.

Este descubrimiento puede surgir tanto de lo que compartimos, como de lo que nos aparta o separa.

Así, al verme en el espejo me encontré no sólo conmigo mismo, sino que, sin buscarlo, me encontré –ser y no ser– también con el mexicano, mi vecino, mi amigo, mi semejante, mi hermano.

Ese proceso, probablemente, fue el mismo por el que hemos pasado todos. Yo, como muchos, tuve que salir para encontrarme y descubrir lo mío afuera y en lo ajeno.

Desde afuera –las calles o los patios, una ciudad distinta, una nación extraña– uno principia a descubrir la casa y sus repisas; en lo ajeno, uno principia a reconocer lo propio; en el otro, uno principia a descubrirse uno –muchas veces a tientas, testereando sin querer hábitos ciegos, sombras sin rostro, gestos sin fondo– aún cuando la imagen duplique la distancia que nos separa en el espejo y nos haga sentir como lejanos, poco a poco las imágenes se acercan a los ojos hasta poder distinguir primero bultos, luego trazos, que se van distinguiendo con el tiempo como rasgos, como facciones, como uno.

Así, adolescente, al aventurarme al mundo de allá afuera principié a descubrir el de aquí dentro: yo, nosotros, México.

En ese proceso de coincidencias y semejanzas, de contraposición y de contrastes fui paulatinamente descubriendo no sólo México y los mexicanos, sino descubriéndome y descubriendo mi gente, mi ciudad y mi familia en sus maneras de ser, en su cultura.

Al mismo tiempo, al tratar de explicar diferencias entre mi propia cultura mexicana y esa cultura ajena en la que temporalmente estaba inmerso, generalmente principiaba con "es que nosotros los mexicanos..." hasta que, estando presente otro mexicano que, alguna vez, sostenía no compartir este rasgo conmigo, la explicación se volvía "nosotros los de esta región...", y así sucesivamente "nosotros los de esta ciudad...", "nosotros, en mi familia...", hasta llegar, por último, a "yo..."

Al regresar finalmente a casa, al retornar a México del extranjero, el proceso de descubrimiento continuó sólo que de manera diferente: al bosquejo de denominadores comunes y puntos compartidos con otros mexicanos con el que llegaba, principiaron a sumarse sorpresas y rupturas.

Seguía construyendo mis nuevas imágenes, tanto de mí mismo como de otros mexicanos, pero cada vez esta construcción era más por oposición que por comunidad. Si estando en el extranjero me reconocía en el otro por lo que compartíamos, una vez de regreso en

México, me reconocía y lo reconocía por lo que nos separaba. Esta vez, el del espejo, era el otro.

En este ensayo se exploran algunos de los rasgos del mexicano y su cultura, los rasgos de nuestros comportamientos, valores y actitudes actuales.

En ese sentido, este ensayo se suma –toda proporción guardada– a exploraciones previas, altamente poéticas unas, como *El laberinto de la soledad* de Octavio Paz; más psicoanalíticas otras, como *El perfil del hombre y la cultura en México* de Samuel Ramos.

En ese sentido también, este trabajo no pretende ceñirse sino a las reglas ambiguas, flexibles y generosas del ensayo, tentativo y abierto, que construye su opinión a partir de su propia lógica interna –aunque mucho de lo que aquí se maneja pueda o no constatarse asomándose a la puerta o la esquina, saliéndose a la calle.

El foco de atención no es el ser interior del mexicano ni su psicología sino ese ser exterior visible e interactuante tan co-creador o reafirmador de su cultura como ésta lo es de sus interacciones y relaciones en un juego cerrado de círculos a la vez virtuosos y viciosos que mutuamente se confirman y se validan:

El mexicano visto desde fuera atendiendo fragmentos de lo que hace y lo que dice; fragmentos de comportamientos reales y verbales de ese ser concreto tal como es hoy, en estas primeras décadas del tercer milenio. El fruto es esta visión muy personal del mexicano en este *nosotros* que creo que compartimos.

El ensayo parte de un mexicano aparentemente contradictorio: el que rompe las leyes y el que las promulga; el que requiere lo concreto del aquí y el ahora y el que, por el contrario, exige la abstracción de lo universal y lo eterno: un mexicano, *uno*, dividido entre un *yo* y un *otro*.

Al separarlos, desaparece la contradicción interna y cada uno, el *yo* y el *otro* son congruentes consigo mismos. Y así, se les trata de ver aquí, incluyendo tanto lugares comunes que continuamente se repiten sobre las maneras de ser del mexicano, como otros no tan comunes pero igualmente significativos para entender esas maneras.

Este ensayo toca, así, aspectos tales como el comportamiento del mexicano ante el tiempo y la puntualidad; las promesas, las leyes, los viejos, la tolerancia, la desconfianza, la incertidumbre en la que vive, los sexos y sus roles aceptados, el poder, el ingenio, la impunidad, la formalidad, la política, la muerte.

Soy consciente de que México es muy grande y que, del Golfo al Pacífico, del Caribe al mar de Cortez, del Bravo al Suchiate y de frontera a frontera hay una gran diversidad de formas de ser o comportarse. No dejo de sentir, sin embargo, ese abrazo muy amplio e incluyente de una gran cultura mexicana, integrada, a su vez, por múltiples y muy diversas subculturas claramente reconocibles y diferenciables.

No obstante, la mirada y el interés de este ensayo recaen no en los aspectos diferenciables de esas subculturas, sino en los elementos comunes y compartidos de esa gran cultura mexicana que se refleja en todo lo que hacemos:

La reflexión abierta, tentativa, inacabada, sobre ese tú, ese yo, y ese somos del nosotros, los mexicanos de hoy.

Uno: *Yo* y el *otro*

> *La mentira posee una importancia*
> *decisiva en nuestra vida cotidiana,*
> *en la política, el amor, la amistad.*
> *Con ella no pretendemos nada más*
> *engañar a los demás, sino a nosotros*
> *mismos*
>
> Octavio Paz: *El laberinto de la soledad*

Al verse en el espejo, el mexicano no suele verse a sí mismo, sino que proyecta su otro yo sobre el azogue –un *otro* que no es él– y ¿confundido? ¿mintiéndose? ¿soñándose? cree que es el *yo* quien se refleja.

Cree que lo que está viendo en el espejo es ese *yo* que vive, que se mueve, que actúa, que se relaciona. Este *yo* de todos los días; este *yo* que somos.

Pero el espejo le miente y le refleja a otro: uno *otro* que no sólo no es ese *yo* que busca verse, sino que es casi su opuesto, su complemento, su contrario.

Un *otro* que, en términos de ser, es probablemente mucho de mentira. Una mentira con la que, como dice Octavio Paz, el mexicano, más que engañar a los demás, busca y logra engañarse a sí mismo.

Ese *otro* es, así, todo lo que el *yo* no es, pero que ¿cree? ¿querría? ser: Ordenado, puntual, cumplido, igualitario, respetuoso de las leyes, etc.

El que habita y el que sufre la mayoría de sus canciones de amor desesperado, el que adora a su amada y que de ser aceptado por ella, la honraría y respetaría como a una diosa por el resto de sus días y no nada más hasta casarse.

El que, orgulloso, desciende de Cuauhtémoc y se ufana de ser el heredero de ese México indígena redimido en Orozco, Rivera y Siqueiros.

El que exige y promueve la promulgación de leyes que debiera saber imposibles y que de todas maneras su *yo* no va a cumplir.

El que necesita y busca un mundo cierto, confiable, predecible, estable, regido por la razón y por las leyes.

Ése es el *otro* que el *yo* ve en el espejo.

No es, sin embargo, ese *otro* sino el *yo* del mexicano el responsable de todo el hacer, de todo lo actual y todo lo concreto: de vivir su vida cotidiana, de salir a la calle y lidiar con el mundo, con sus semejantes, con sus instituciones.

Es el *yo* que tiene que tomar el camión que llega cuando quiere y que se descompone y lo deja tirado también cuando le pega la gana; o si tiene auto, el que tiene que ponerse detrás del volante, manejar (defensivamente le dice algún señalamiento) y confrontar a sus paisanos, que manejan como él.

El que tiene que enfrentarse a lo errático y a lo fortuito como forma de vida, por una realidad impredecible y voluble que le exige utilizar absolutamente todo su ingenio simplemente para poder sobrevivir y regresar sano y salvo a su casa por la noche.

El que se estaciona en lugares prohibidos o reservados para personas con capacidades diferentes, no siéndolo; el que invade, egoísta, las banquetas y todos los espacios que, en un determinado momento necesita, sin importar a quién afecta; el que acelera su moto a medianoche y disfruta ese ruido feroz aunque despierte a extraños y a vecinos; el que, con sus propios comportamientos, contribuye –en suma– a esa impredecibilidad de la realidad que él mismo sufre – comportamientos que parecerían no tomar en cuenta a los demás, sino únicamente a ese *yo*, como si estuviera solo.

El que, atento, respeta a sus mayores –no en la teoría de la edad y sus quebrantos sino en la realidad de un nombre, una arruga y una cara– y los trata y atiende con una gran deferencia y afecto.

El que, servicial con su gente, realiza todos los ritos y ejecuta todas las acciones para ayudar a su amigo, su compadre o su vecino sin necesariamente alcanzar más resultados que sus propios actos y el sentirse satisfecho de haberlo hecho.

El que, como la cigarra de la fábula, echa la casa por la ventana y, a veces, hasta pide prestado e hipoteca esa casa si la tiene –sin pensar en mañana o en pasado– para celebrar "como Dios manda" santos, cumpleaños, graduaciones y los quince años o las bodas de sus hijas.

El que se siente, en secreto, descendiente orgulloso y directo de españoles –los mismos gachupines que, en público, critica de tenderos.

El *otro*, en cambio, es el responsable de todo lo abstracto y lo elusivo: las posturas teóricas, los manifiestos, las ideas, las leyes y ese deber ser que hace feliz al *yo* cuando se piensa, que hace feliz al *yo* cuando se sueña.

Los dos, el *yo* y el *otro* se funden en el *uno* del mexicano: a la vez contrarios y complementarios, le permiten afrontar –y sufrir– su vida cotidiana y reconocerse de manera aceptable en el espejo como en sus propios retratos familiares.

Yo, el mexicano

*Le vrai miroir de nos discours
est le cours de nos vies*

Michel de Montaigne: *Essais*

"Caras vemos, corazones no sabemos" dice el refrán. "Por sus frutos los conoceréis" dice la *Biblia*. Y, en México, no son las caras del *otro* ni tampoco sus frutos lo que vemos en el ir y venir de nuestra vida cotidiana. Es al *yo* al que vemos; es con el *yo* que convivimos.

Y ese *yo* se ha forjado en un entorno humano sin certidumbres o certezas.

En comparación con las de otros países y culturas, la realidad a la que tiene que enfrentarse el *yo* del mexicano es una realidad siempre inesperada y especialmente indócil, impredecible, sorprendente.

Por eso el *yo* en su comportamiento cotidiano tiene que volverse un maestro para enfrentar la indeterminación y lo equívoco.

Al salir a la calle, todo es incierto y todo es ambiguo.

Nunca puede prever qué leyes le pueden o le van a aplicar –si alguna; qué requisitos le van a exigir en cada ocasión que necesite un trámite o un servicio; o qué precio tiene que pagar ya no por un tomate o por un kilo de plátanos en el mercado, sino en organizaciones públicas y privadas por servicios masivos supuestamente estandarizados: Va a recibir una respuesta diferente si se le pregunta el precio a la persona que atiende a los clientes, si lo pregunta por teléfono, si lo busca en internet o si le pregunta a quien se lo cobra; y al pagarlo, nunca tendrá la seguridad de que en el momento más inesperado no le habrán de cortar o suspender el servicio aduciendo que ¡no se pagó el precio estipulado!

Ante este mundo impredecible y sorprendente –aún en lo más irrelevante– el *yo* sólo puede confiar en que el sol ha de salir y ha de ponerse. Todo lo demás es especulación –que puede ir de lo probable a lo posible.

Aunque en el fondo sabe que su realidad también es de imposibles.

No puede estar seguro ni de que la calle donde vive estará ahí cuando despierte, si el sentido del tráfico será igual o si la calle seguirá abierta porque todo ello puede suceder sin previo aviso y sin que nadie lo entere previamente.

Puede salir a la calle y enfrentarse con que el tráfico amaneció al revés porque las autoridades decidieron pavimentar los carriles de ida y cambiarles temporalmente el sentido a los carriles de venida sin el menor señalamiento visible; puede esperar por horas en la parada a su transporte habitual porque cambió inopinadamente de ruta o simplemente no operó ese día; puede tardarse el triple de tiempo en llegar a su trabajo (si es que tiene eventualmente la fortuna de llegar) porque sus autoridades o sus compatriotas han cerrado las calles para sus propios fines, sea una manifestación, una celebración cívica o una justa deportiva.

Contrariamente, puede hacer previsiones para atender cambios amplia y previamente anunciados y cuando sale a la calle dos horas antes de lo normal para enfrentar esos cambios, descubrir que todo sigue igual, que nada ha cambiado porque todo se pospuso indefinidamente sin el menor anuncio tampoco.

Lo que en el resto del mundo constituyen los referentes fijos y estables que la población puede esperar como un hecho, como un punto de partida confiable y seguro, en México hay que ganárselo, lograrlo cotidianamente: que te devuelvan el cambio correcto; que los establecimientos comerciales y las oficinas gubernamentales abran y cierren a tiempo o que siquiera abran; que la gente cumpla con lo prometido –no sólo de palabra sino incluso contractualmente; que se cumplan las leyes, que se respeten las normas mínimas de convivencia, que la calle esté ahí y se pueda circular por ella, etc.

Todos los recursos de que dispone el *yo* para hacerle frente a ese mundo sin certezas no son sino su propio ingenio (del que seguramente surge también esa imaginación para inventar un *otro* que vive una realidad y un mundo distintos: confiable, predecible, dócil, seguro), su gente (familia, compadres, amigos, vecinos, relaciones, aliados –esos seres humanos con cara, con nombre y apellido, que lo ayudan y lo apoyan) y una resignación total, final, cuando ningún otro recurso le funciona.

Esta comunidad en la que el *yo* se apoya para enfrentarse a ese entorno errático y amenazante, *su* gente, no es *la* gente sino *sus* personas concretas de carne y hueso, con un nombre, una cara, una historia. A todas las conoce, pero eso no quiere decir que con todas conviva ni con la misma intensidad ni de la misma manera.

Algunas de esas gentes –las relaciones: el Ing. Ruíz, el diputado López, monseñor De la Llata– existen en los márgenes de su diario vivir, las trata con muchísimo respeto y deferencia, y suelen ser personas importantes en la comunidad por lo que pueden servirle al *yo* como "palanca" para abrirle puertas, resolverle problemas, evitarle castigos.

"Dime a quién conoces y te diré quién eres": Para el mexicano, la vida sin "palancas" sería como nadar –por más que se sepa nadar– en aguas turbulentas sin flotadores, una vida más inestable y mucho más difícil.

El *yo* sería más débil –ante el mundo y ante sí mismo.

El resto de esa gente, *su* gente –la familia, los compadres, los amigos, los conocidos como Doña Petra o Don Juan a quienes respeta– comparten en mayor o menor medida su vida cotidiana y le ofrecen los apoyos económicos, afectivos, normativos, sociales, etc., que siente indispensables y le permiten sobrevivir y florecer en su medida.

Para el mexicano, la vida sin familia, sin compadres, sin amigos, sería no sólo mucho más solitaria, sino aún más impredecible, más errática, más difícil. Probablemente una vida que no sería posible, o no valdría la pena, vivir.

Si se comporta bien, respeta normas, se porta "como Dios manda", no es necesariamente por miedo a la policía o por respeto a las leyes, a veces ni siquiera por Dios, sino por esa gente, *su* gente que le importa y ante quienes no puede ni quiere perder imagen o "quemarse".

Para hacerle frente a su realidad cotidiana, el *yo* del mexicano se apoya en el poder y la fuerza que le pueden dar sus relaciones y contactos a través de "palancas" o apoyos multitudinarios y solidarios, y en el afecto de su familia, sus compadres, sus conocidos, sus amigos.

Y son ese poder –por limitado que pueda parecer– y ese afecto, sumados a su ingenio y a su tiempo –ese tiempo que tenemos que gastar, desperdiciar continuamente, para que algo suceda– las armas del *yo* para salir a la calle.

Promesas, leyes, promesas

En México, sin embargo, no son los plazos ni los tiempos los únicos que no se cumplen, los únicos que no se llegan.

Tenemos el dicho de que "el prometer no empobrece" y no empobrece, precisamente, porque al final lo prometido tampoco se cumple, haya habido o no la intención original de hacerlo.

El mexicano suele prometer sin preocuparse por lo que implica esa promesa ni por lo que eventualmente tendría que hacer para cumplirla. La ofrece como si la promesa no fuese más que palabras: palabras para *este* instante.

Los plazos para cumplir promesas nunca se llegan.

No importa si se trata de una cita en el futuro o de cumplir con acuerdos y con leyes. Y tampoco pasa nada.

Como que al hablar de promesas y de plazos, para el *yo* del mexicano hablamos de una doble abstracción: El tiempo futuro de los plazos y –

adicionalmente– la concepción inconsciente de la promesa como algo abstracto (es decir meramente una idea y unas palabras en este ahora concreto) y que, como el tiempo futuro, se dan en el vacío.

La realidad es que tanto a nivel personal como a nivel organizacional y gubernamental las promesas frecuentemente no se cumplen y, cuando esto sucede, no existe el menor rubor o la menor disculpa y la persona, la organización o el gobierno están prestos a prometer de nuevo como si no se hiciera sobre las promesas previas quebrantadas.

Este prometer que no cumple se da a todos los niveles y en todos los ámbitos; en lo institucional y en lo personal; desde la constitución hasta el "mañana te lo arreglo"; y en la vida cotidiana se extiende hasta letreros e indicaciones y no se limita a los referentes a horarios de apertura o de servicio previamente comentados:

Por ejemplo, no es inusual en organizaciones gubernamentales de salud que se establezca continuamente mediante letreros en paredes y puertas que para hacer uso de sus servicios el derechohabiente tendrá que identificarse siempre con una credencial oficial con fotografía, cosa que absolutamente nunca sucede.

En otro lugar, un letrero que establece que "Las personas serán atendidas rigurosamente en el orden en el que van llegando" únicamente confirma la práctica evidente de que quienes tienen más "palanca", conocen a los empleados que atienden, o traen alguna recomendación de alguno de los jefes, son atendidos primero, independientemente de cuándo hayan llegado.

Es frecuente que en agencias y oficinas públicas (aunque pueden incluirse organizaciones privadas) existan este tipo de letreros (o algunos aún más amenazantes, como "es inútil solicitar tal servicio si no trae esto consigo") que, al verlos, uno se pregunta cuál habrá sido la razón para gastar en ellos y preocuparse por fijarlos en puertas o paredes si finalmente no se van a cumplir o ejecutar.

Esta irrelevancia informativa de letreros e indicaciones para la vida real –para la vida cotidiana del *yo* del mexicano– se presenta como la explicación de fondo del porqué para muchos mexicanos esos letreros son como los anuncios del periódico: algo que el ojo acaba por aprender a no ver y, por supuesto, a nunca darse por enterado u obedecer.

Pero el *yo* no se puede confiar y bajar la guardia: A veces, arbitraria e inesperadamente, algunos sí se cumplen.

De ahí la auténtica sorpresa que registran las personas –que al no seguir las instrucciones o no contar con los requisitos indicados por el anuncio o letrero por no haberlo leído o creído– cuando quienes supervisan su cumplimiento les niegan el servicio o las regañan y, adicionalmente, las hacen sentir como incompetentes por no haberse fijado en el anuncio o letrero que claramente indicaba esos requisitos.

En México, sin embargo, el rubro más extenso de promesas que no se cumplen lo constituyen sus leyes, sus reglamentos y sus normas.

Y es el *otro* el que concibe y promulga esas leyes

Nuestras constituciones suelen reflejar más los ideales de un grupo de constituyentes que la idiosincrasia real de los ciudadanos o las condiciones del entorno circundante. En la letra, puede instituirse el federalismo, aunque en la práctica siga operando el centralismo.

En la letra, pueden establecerse derechos para los que, aún en el momento en que se establecen, se tiene plena conciencia que no existen ni los recursos ni la voluntad política para hacerlos realidad.

Las leyes no forman parte integral de la vida cotidiana del mexicano. Se ven como abstracciones, como ideas, como propuestas para un deber ser que –si se buscaran ideales– no tendría ese mismo mexicano inconveniente en contemplar.

Pero las leyes no guían y modifican muy poco sus comportamientos diarios. El *yo* del mexicano tiene muchas cosas reales y palpables con las cuales contender en su vida de todos los días, como para tener que preocuparse por leyes y normas abstractas y lejanas.

Las exigencias concretas de su realidad cotidiana le consumen al *yo* toda su energía y todo su ingenio.

Además, e independientemente de lo estipulado en su texto, en México la ley –o su incumplimiento– rara vez o nunca tiene consecuencias.

Esa falta de consecuencias se pone todavía más en evidencia cuando las autoridades competentes prorrogan los tiempos para que se cumplan o amenazan con que la próxima vez sí se van a aplicar.

Y cuando la ciudadanía, es decir el *otro,* exige que se promulguen nuevas leyes para evitar tal o cual comportamiento, las autoridades tienen que admitir que ya existen las leyes o reglamentos para esas situaciones sólo que no se han aplicado ni se han cumplido.

Es el *yo* el que rompe o no cumple con las leyes.

Con todo, la ciudadanía y el *otro* siguen exigiendo que, de todas maneras, se promulguen leyes nuevas que incluyan específicamente las conductas en cuestión o se modifiquen las actuales para que se incrementen las penas.

Con la aprobación de esas nuevas leyes, sin embargo, no se hace sino confirmar y fortalecer el círculo vicioso de la legislación adicional que se promulga precisamente porque no se cumple con la legislación vigente.

Las promesas que se incrementan –precisamente porque no se cumple con las promesas ya hechas– en vez de romper ese círculo vicioso lo vigorizan y lo extienden, y nuevamente, se pierde la oportunidad de, una vez de por todas, exigir, como diría Octavio Paz, que se reconcilie "la palabra con el acto".

Que se reconcilie el *otro* con el *yo.*

Tiempo mexicano

Hambre de encarnación padece el tiempo

Octavio Paz: *Ladera Este*

El mexicano, deslumbrado por el instante, se casa con el ahora –y para ser más preciso– se casa con *este* ahorita. Para él, sólo parece existir este momento actual que absorbe todo su ser y toda su atención.

La concreción de lo inmediato le desdibuja el tiempo.

Cuando el tiempo encarna en el presente y se vuelve *este* ahora, deja absolutamente de fluir y deja de ser tiempo.

No sé si es por la naturaleza abstracta del futuro –aún ese futuro próximo a punto de pasar en apenas media hora– o por la seducción envolvente del presente, pero el mexicano se casa con el ahora concreto y maneja su tiempo sin opciones: el hoy es un aquí de carne y hueso y el mañana, sólo una idea vaga y difusa.

Por eso no hay mañana sino hoy y este hoy no es sino ahorita: Engolosinado con el instante presente, para el mexicano el mañana –el tiempo– es una abstracción total, un ente no encarnado. Lo consume este ahorita que lo ahoga felizmente, esta cercanía, esta contigüidad de instantes que alargan el segundo hasta lo eterno.

Por ello, no importa si quedó en encontrarse con alguien media hora más tarde. Quizás, si el momento le llega a permitir acordarse, se acordará no ahora, sino dentro de media hora, cuando llegue –si es que llega– el momento.

Entonces será tarde para llegar a tiempo, pero tampoco importa porque de ninguna manera es seguro que este momento actual que se estira y se estira haya perdido su vigencia. Y, de ser así, lo seguirá estirando.

Como consecuencia, la puntualidad en el mexicano es más una casualidad que un comportamiento esperado.

Para el *yo* "el instante es instante lentamente [....] como un fragmento entero que se guarda", como un fragmento entero que se estira hasta agotar el tiempo. El instante se alarga intensamente y es esa intensidad la que lo encandila de tal manera que no pueden verse los tiempos posteriores, si es que existen.

Y cuando el mexicano se casa con el instante, se casa con *este* instante concreto y no con *cualquier* instante ni con la abstracción del instante.

Esta realidad lo hace renuente a acotarlo, a concluirlo y a pasar al siguiente, como si tuviera miedo de que no exista un instante siguiente o de que no tenga la intensidad de éste que está viviendo. Por otra parte, cuando llega a vislumbrar tiempos distintos, tiempos más amplios, éstos siguen teniendo la concreción palpable de sus instantes. No son inscripciones abstractas del calendario sino fechas concretas que inserta en un rosario temporal que gira, pero realmente no se mueve: círculos del tamaño de un año –de Año Nuevo a San Silvestre, del 5 de febrero al 20 de noviembre–, de seis años –de una toma de posesión presidencial a la siguiente–, o de cien –de independencia, a revolución, a bicentenario.

Y aunque Agustín Yáñez, en *Al filo del agua* nos hace suponer que la revolución de 1910 rompió ese tiempo circular que siempre vuelve con la modernidad del tiempo lineal que corre sin parar, inevitable, el tiempo que al perderlo, hasta los santos lloran, cuando el mexicano alcanza a vislumbrar ese tiempo más amplio, siempre espera que vuelva y se repita y, sobre todo, espera esas fechas concretas.

Las fechas tienen su identidad, tienen sus rasgos, por ello es difícil cambiarlas o aceptar substitutos.

Cuando las autoridades han buscado importar el manejo del tiempo de otros lugares o países (por acertado que racionalmente pudiera parecer) el mexicano no se engaña: el tiempo es concreto y absoluto y es parte de la naturaleza, no algo abstracto y relativo sujeto a la decisión o al poder de nadie.

Aunque al hablar de nadie pudiere tratarse del Congreso de la Unión o del propio Ejecutivo Federal mexicanos.

Como le dijo un campesino a otro "¿a poco cree el Presidente de México que él puede enmendarle la plana y cambiarle su tiempo a Dios? Yo me santiguo siempre a las doce, a las verdaderas doce, no a las once de la mañana como ahora quiere el Presidente", respondiendo a la incorporación del tiempo mexicano al horario de verano – acordado por las autoridades para coincidir con los horarios de los E.E.U.U. y, como ellos, para supuestamente ahorrar energía.

Su interlocutor no sólo lo entendió, sino que lo secundó plenamente: "Claro, la hora siempre será la hora".

Está fe en los absolutos del tiempo es, aparente y operativamente, compartida por las propias autoridades en turno: A pesar de que el Congreso de la Unión, imitando también modelos extranjeros, legisló la celebración de los días festivos no en el día mismo en el que caen sino en el lunes previo más próximo a la fecha –para ofrecer a la ciudadanía fines de semana de tres días– el Presidente mismo sigue conmemorando la fecha no en el nuevo día de fiesta y de asueto, sino el "mero, mero día" –aunque ahora legalmente ya no sea más que otro día de trabajo.

El Presidente que se espera, por lo tanto, hasta el mero 5 de febrero para viajar a Querétaro y conmemorar en el Teatro de la República la Constitución de 1917 acaso viola la nueva ley, pero los mexicanos – muchos de los cuales, si pueden, se toman ahora los dos días de asueto (el lunes previo y el mero día)– lo entienden: Más que conmemorar la Independencia, celebramos el 15 y 16 de septiembre; el 20 de noviembre, más que la Revolución; el 21 de marzo, más que el natalicio de Juárez; y así sucesivamente.

No es casualidad que además de las gestas (Independencia, Revolución, etc.) e independientemente de éstas, y a diferencia de otras culturas, utilicemos las fechas mismas para dar nombre a las calles (16 de septiembre, 20 de noviembre, etc.).

El mexicano conoce la realidad absoluta del tiempo en la concreción de *sus* horas y de *sus* fechas. La realidad apabullante de *este* instante concreto.

En la vida cotidiana, por ello, más allá de este instante y de estas fechas verdaderas y concretas no hay idea de ese otro tiempo más extendido y abstracto.

Y como todos ¿suelen? ¿solemos? concebir el tiempo de la misma manera, la ausencia real y cotidiana tanto del futuro ("ese tiempo *verbal* del castellano") como de la puntualidad para cumplir con un tiempo o una hora concertadas, la impuntualidad errática parece ser esperada y no sorprender a nadie.

Esta impuntualidad no implica una falta de respeto ni al tiempo ni a los demás: Como el tiempo mexicano es el instante concreto, actual, el otro tiempo –mañana, la próxima semana, el mes que viene– no existe o es simplemente una abstracción –si no para todos, sí para muchos; si no en algunas áreas de la economía y el comercio, sí en la vida personal y cotidiana.

Y este manejo del tiempo se extiende a los negocios o empresas familiares: No importa qué horario se tenga anunciado y pintado en la pared o en la puerta de entrada, las puertas pueden permanecer cerradas y no existe la menor seguridad de que este horario será respetado ni tampoco de que –sin importar la hora– se abrirá siquiera el local: el mexicano suele darse muchas libertades con el tiempo, especialmente con ese tiempo abstracto y ajeno que nunca siente real.

Y si, en la siguiente ocasión en que se encuentra uno de esos negocios o empresas abierto, se llegara a confrontar a quienes lo operan, lejos de ofrecer una disculpa, sin el menor empacho citan las razones más peregrinas como los motivos de peso (un peso que suponen evidentemente compartido por el interlocutor) para explicar el porqué.

El mexicano habla y actúa como si ese tiempo más amplio no existiera o nunca fuera a llegar. Verbalmente, parece comprometerse a realizar acciones en el futuro para las que nunca se detectan los menores indicios concretos de prepararse o de intentar siquiera realizarlos.

No me refiero a la costumbre mexicana de decir "luego te hablo para irnos a tomar un café" que, por lo indefinido podría considerarse más como la expresión de una buena intención que como una verdadera cita. Hablo de algo particularmente frecuente en la cultura mexicana: hablo de citas para las que se fija tanto un lugar como una fecha y una hora precisas, que jamás se llevan a cabo –sin un aviso previo y sin una disculpa.

Supongo que, como los demás suelen concebir el tiempo de la misma manera, tampoco esperarán (y generalmente no esperan) que alguien cumpla con un tiempo o una hora concertadas.

Significativamente, esto es cierto no sólo de personas en lo individual, sino de organizaciones, empresas y agencias que, evidentemente, comparten su manera de ser y de operar con esta forma de actuar del mexicano actual.

Y, desafortunadamente, no sólo sucede en las empresas o negocios familiares: Se da tanto en las dependencias, agencias u oficinas gubernamentales como en las grandes empresas, sean paraestatales o privadas.

En ellas, al manejo mexicano del tiempo, suele sumarse la arrogancia ostentosa del poder que a las primeras les otorgan las leyes y la fuerza que detentan y, a las segundas, las necesidades de sus clientes o usuarios.

En el Congreso, por ejemplo, no es ni inusual ni sorprendente que no se respeten los plazos libremente establecidos por el propio Congreso para la aprobación de presupuestos o nombramientos o que, de la misma manera, se aprueben leyes "para ayer", como si bastara pensar y ordenar las cosas para que los ciudadanos puedan cumplir con ellas, sin tomar en cuenta los tiempos indispensables que éstos requieren para realizar lo que esas leyes exigen o suponen ni los plazos mismos que en ellas se estipulan.

Y lo que es cierto para el legislativo, también lo es para el ejecutivo, que establece demandas para los ciudadanos en plazos perentorios para las que el propio gobierno y sus dependencias no se han preparado – con los sistemas, la infraestructura, etc.– por lo que tiene constantemente que estar anunciando (generalmente días después de las fechas límites por ellos mismos establecidas) prórrogas y más prórrogas –con lo que no sólo pierden mucha de su muy mermada credibilidad, sino que debilitan la importancia inicial que daban a esas demandas y confirman la abstracción inoperante del tiempo más allá del instante.

El manejo del tiempo de las grandes empresas, por su parte, puede convertirse –para sus clientes– en el costo más oneroso de los servicios que les prestan.

Esto es especialmente penoso en casos en que todos los miembros de una familia trabajan o están fuera del hogar durante todo el día y la compañía de teléfonos, de televisión por cable, de electricidad, de agua, etc., promete ir a instalar, medir, reparar, etc., algo en esa casa.

Generalmente nunca pueden precisar cuándo van a acudir –más allá del día de la semana– pero aún cuando llegan a indicar un día y una hora, en la mayoría de los casos, el miembro de la familia que dejó de ir a trabajar o de ir a la escuela por esperarlos para que cumplieran su cometido, se queda esperando porque no sólo no vienen, ni siquiera piden disculpas.

Y si se quiere tener teléfono, luz, cable, etc., hay que volver a empezar todo de nuevo.

Si "el tiempo es oro", México es un país de ricos a quienes no les importa despilfarrar su dinero: El tiempo es la moneda que más tiene que gastar el mexicano para sobrevivir en su vida cotidiana "normal" porque a nadie parecería importarle y, a veces, ni siquiera darse cuenta, de todo el tiempo que se tiene que desperdiciar para lograr las cosas más elementales en la vida; esos tiempos de espera que no sólo se alargan y se alargan sino que mucho contribuyen a aumentar la incertidumbre cotidiana puesto que nunca se sabe de antemano cuánto podrán durar.

Pero ni las instituciones ni las personas parecen tomar en cuenta esas largas e indefinidas esperas y al *yo* pareciera no importarle tampoco. No son sólo las burocracias gubernamentales o el Seguro Social, sino también en el sector privado, como bancos, tiendas de autoservicio y supermercados, etc.; y no me refiero a situaciones extraordinarias, sino a las situaciones ordinarias que forman parte inextricable de nuestro diario vivir.

Y si autoridades y empresas manejan así su tiempo ¿por qué podría sorprender que el mexicano individual, tanto en su vida personal como profesional, tienda a manejarlo de la misma manera?

Quizás sea precisamente en su concepción y manejo del tiempo en donde el *yo* del mexicano y el *otro* en el espejo difieren lo menos posible o, si se quiere, el lugar en el que el *yo* se miente menos:

Aunque el *otro* en el espejo fija plazos y fechas, establece cronogramas y marca calendarios, tiene una flexibilidad implícita en el fondo porque sabe que no se van a cumplir y exhibe una gran tolerancia tanto para definir puntualidad y cumplimiento, como para establecer prórrogas y excepciones o esperar llegadas y salidas.

Aún en sus visiones del deber ser, pareciera que el *otro* incorpora estas nociones del tiempo más allá del instante.

Esta coincidencia o encuentro entre el *otro* y el *yo* contribuye probablemente mucho a confirmar la idea y la práctica que ambos tienen del tiempo. Y, con ello, a reforzarla.

Para la ¿celebración? ¿conmemoración? del bicentenario de la independencia y el centenario de la revolución este tiempo mexicano se hizo más que nunca *doblemente* presente: a pesar de que la fecha se conocía por lo menos con cien años de antelación y de que la administración federal en turno estaba ya en su cuarto año de gobierno, el monumento nacional con cuya inauguración se buscaba conmemorarlas, por una parte, no sólo no estaba listo sino que apenas iniciaba su construcción y distaba un año o más para estar terminado; y, por la otra, inopinadamente, el presidente decretaba un puente de tres días (con cierre obligatorio para centros educativos y para bancos) menos de una semana antes de que se llegara la fecha −como si el centenario lo hubiera tomado por sorpresa.

Aunque se diga que "no hay plazo que no se cumpla ni tiempo que no se llegue", eso pasará en otras partes. En México, sí hay plazos que no se cumplen y fechas que no se llegan; hay tiempos que nos sorprenden por fuera de los relojes; e instantes que duran, duran, volviendo el instante, eterno.

Doña Tuta, Don José

*Y he aquí cómo fueron honrados sus
padres por ellos. Honraron a Vucub-
Hunahpú; fueron a honrarlo al
Sacrificadero del juego de pelota. Y
asimismo quisieron hacerle la cara.
Buscaron allí todo su ser, la boca, la
nariz, los ojos.*

Popol Vuh

Si la ley escrita o la regla parecen no formar parte de la realidad cotidiana del mexicano, tampoco lo es la noción abstracta de prójimo.

Para el *yo* las personas no son reales si no tienen un nombre, una historia y una cara: El prójimo es una abstracción inexistente; para darle existencia es indispensable volverlo concreto, volverlo gente – preferiblemente con un posesivo, *mi* gente, *nuestra* gente.

En ese sentido, muchos de los comportamientos del *yo* para con los demás sólo se explican en función de la realidad que tienen para el *yo*: si son abstractos no existen; si son concretos son reales, son gente, son personas.

Esta dualidad es especialmente notable con los ancianos:

Los ancianos, como grupo, son como el prójimo: abstractos. Solemos tener, en cambio, muy presente su concreción encarnada en Doña Tuta o Don José, y en todas las personas con cara y apellido que forman parte de nuestro mundo.

Este "formar parte" puede ir más allá de la mucha o poca convivencia cotidiana que se tenga con ellos. Estos "viejos" de carne y hueso se convierten no sólo en figuras de respeto sino en la autoridad cuyo juicio moral importa –y que, por lo tanto, incide preventivamente en nuestras acciones.

El *yo* del mexicano no evita hacer algo porque esté prohibido por alguna ley o porque haya testigos (testigos a quienes no conoce y, por ello, situados mentalmente en la categoría de abstracciones lejanas e irrelevantes y, por lo tanto, inexistentes); no.

Evita hacerlo por la presencia concreta de su gente, por Doña Tuta o Don José, por las personas reales, la gente de carne y hueso con un nombre y una cara que sí forman parte de su mundo; el mundo que sí existe; el mundo que le importa.

Esa comunidad concreta de la que forma parte contribuye mucho más que la mayoría de las leyes a encauzar la conducta del mexicano: Los miembros de esa comunidad, por reales y significativos, sí le importan, busca responder a sus expectativas de conducta y no quiere ofenderlos ni "quemarse" con ellos.

La destrucción de estas comunidades o el desarraigo pueden tener, por ello, consecuencias notables en conductas y comportamientos.

Cuando fumar era un rito de iniciación y se consideraba una falta de respeto hacerlo frente a los padres, los jóvenes y adolescentes extendían –sin que nadie se los hubiera pedido o indicado– ese mismo respeto a todos los conocidos de cierta edad cercanos y amigos de sus padres y también se abstenían de fumar frente a ellos.

Este respeto a los mayores es especialmente notable en el hacer y el hablar. El joven generalmente les cede el paso a sus mayores y, en su caso, el lugar; y utiliza el usted (aún y cuando ellos usen el tú con él) al dirigirse a ellos y, en la mayoría de los casos, les añade el Don o el Doña a sus respectivos nombres de pila como una clara señal de respeto.

De la misma manera y por las mismas razones evita cuidadosamente el "ser igualado" –es decir, desatender las barreras y las distancias interpersonales que las normas no escritas parecen exigirle en su trato con los viejos.

Este respeto a los demás y a su edad, sin embargo, no es tampoco un respeto abstracto, general e impersonal.

Ese tratamiento no se extiende a todas las personas mayores sino exclusivamente a las personas reales para el *yo*: las personas con cara y apellidos –es decir, de carne y hueso– de su mundo concreto.

Todos los demás, el prójimo bíblico, la gente abstracta que no encarna en *sus* personas, se confunde en un grupo amorfo sin edades ni caras, sin realidad ni ser, sin nombres ni respeto.

La (in)tolerancia

De pie sobre los peñascos
A sus contrarios aguarda;
Y después de herir á todos
Los que acercársele ensayan,
Hace huir á los restantes
Que ante heroicidad tamaña
Se alejan, y desde lejos
Lo rematan á pedradas.

Manuel Acuña: *El Giro*

El *yo* del mexicano es altamente tolerante. Tolerante, no a posturas, ideales o verdades –eso al final le toca al *otro*, que es el responsable de lidiar con lo abstracto, con las leyes, con lo "teórico", con lo "irreal"– sino a comportamientos personales y grupales concretos que en otras culturas serían intolerables.

Así, aguanta ruidos a media noche; incumplimiento de contratos, de acuerdos, de promesas; invasión de banquetas con bardas para que quepan los autos o los segundos pisos; vendedores ambulantes que no sólo no le permiten estacionarse en sus lugares sino, muchas veces, ni siquiera estacionar su automóvil dentro de su propia casa; etc.

Los vecinos –especialmente *sus* vecinos– pueden traer serenatas en la madrugada, ofrecer fiestas que duren hasta el amanecer, o realizar actividades sonoras e invasivas de todo tipo sin que –a pesar de que lo despierten a media noche o simplemente no lo dejen dormir– él se dé por enterado.

La otra cara de la moneda es que, con esa misma facilidad, el mexicano es altamente tolerante consigo mismo y puede ser él mismo quien incumpla los contratos, invada las banquetas, traiga serenatas o haga ruido sin la menor empatía por sus vecinos.

El *otro*, sin embargo, batalla mucho para aceptar posturas, verdades o religiones diferentes a la suya. La diversidad y las variantes parecen producirle un ruido conceptual intolerable con el que no sabe cómo enfrentarse.

Cuando esas variantes se encarnan en personas con las que tiene contacto en la vida diaria, como Pedro, Juana o Doña Lupe, el *otro* parece cederle su lugar al *yo* y mostrar o una total indiferencia a esas variantes "teóricas" o, por lo menos, una tolerancia personal mucho mayor que acaba por "disculparlas" internamente sin que los interesados se enteren siquiera.

Con todo, el mexicano –el *otro* y el *yo*– suelen mostrar una fe ciega en una verdad absoluta, única, definitiva e incuestionable, sin el menor lugar para los relativismos ni siquiera como una mera cortesía aparente.

Como sostiene Samuel Ramos, "lo mismo una discusión científica que una controversia artística, casi nunca transcurren serenamente; apenas acaban de surgir, cuando toman un cariz exaltado y crean en torno suyo una atmósfera pasional".

Al mexicano se le dificulta o se le hace imposible tener puntos abstractos de encuentro.

Como buen teórico, el *otro* disputa en lo abstracto hasta un punto o una coma y los magnifica como diferencias insalvables.

Paradójica y contradictoriamente, cuando el *yo* como buen práctico, los lleva al nivel concreto de la interacción con Luis, Doña Eustolia o el Profe Pérez, es capaz de apenas notar esas diferencias conceptuales previamente insalvables y de hacer desaparecer –"por aproximación"– océanos que separen continentes.

Como la anécdota ¿de ingenieros? de que un científico (entiéndase: teórico, abstracto y abstraído a carta cabal) y un ingeniero (entiéndase: práctico, concreto y en contacto pragmático con su realidad) abren una puerta y descubren que en el otro extremo de la habitación está el premio con el que ambos han soñado. Se les dice, sin embargo, que, habiendo un solo premio, éste será para quien primero lo alcance, siempre y cuando se recorra en cada momento exacta y precisamente la mitad del tramo que lo separa del premio, hasta llegar a éste.

El científico se da por vencido antes de iniciar el recorrido, sabedor de que nunca llegará a alcanzar el premio puesto que no importa cuántas veces divida el tramo que los separa, la distancia, por infinitesimal que llegue a ser, nunca será cero, dado que dividiendo nunca se llega matemáticamente a cero. Para el científico, el premio es, por definición, imposible de alcanzar.

El ingeniero, en cambio, realiza entusiasmado la prueba, recorriendo siempre exacta y precisamente la mitad de la distancia que lo separa del premio y una vez que está lo suficientemente cerca como para alcanzarlo exclama "y ahora, por aproximación...", y simplemente estira los brazos, lo alcanza y se hace del premio.

Esta anécdota podría ilustrar precisamente las grandes diferencias entre el *otro* y el *yo* del mexicano en el manejo de la abstracción y, en general, de las ideas: Las barreras insalvables para el *otro* pueden ser apenas notables para el *yo*.

El problema es que el *yo* sólo aparece en las realidades próximas y concretas del instante actual, cuando las personas tienen un nombre y son reales porque tienen una relación con ese *yo*; la patria deja de ser un concepto y se vuelve unas montañas, unos ríos y una gente; y la acción deja de ser el imperativo lejano de una regla o de una ley para convertirse en la conducta que aprueban –y esperan– Don Isidro, Doña Cata y *mis* gentes, en el comportamientos casi instintivo de la costumbre cercana y de lo habitual.

Cuando se trata sólo de ideas, posturas, manifiestos o personas sin nombre y, por lo tanto, sin realidad, el *yo* desaparece completamente y es el *otro* quien toma su lugar.

La (des)confianza

No son los gastos, sino la experiencia
que tengo la que me hace desconfiar

José Joaquín. Fernández de Lizardi:
El periquillo sarniento

La desconfianza parecería ser una segunda naturaleza del mexicano y de sus instituciones. Piensa mal y acertarás, dice un refrán popular. Y no sé si esa desconfianza natural viene, como dice Samuel Ramos, por "la inseguridad de sí mismo que el mexicano proyecta hacia fuera sin darse cuenta, convirtiéndola en desconfianza del mundo y de los hombres" o si, como dice Octavio Paz, "nuestro recelo provoca el ajeno", y mi desconfianza innata suscita la tuya.

Esta segunda naturaleza del mexicano parecería ser uno de los puntos de encuentro entre el *otro* y el *yo*, lo que no hace sino agudizarla. El *yo* la sufre, pero también la genera con sus propios comportamientos; para evitarlo, el *otro* la incorpora a la legislación y la institucionaliza.

Por naturaleza, por principio, el *yo* del mexicano parece desconfiar de todos los que no conoce porque en el fondo los ve como abstracciones de las que puede esperarse cualquier cosa; pero también desconfía de algunos o de muchos de los que sí conoce y de quienes cree poseer pruebas para documentar su desconfianza.

A esta desconfianza contribuyen mucho –aunque no sean los únicos– los tiempos que no se llegan y las promesas que no se cumplen.

Su raíz parte quizás de las diferencias entre el *otro* y el *yo*. El *yo* se miente, se engaña con el *otro*.

Por más que al verse en el espejo el *yo* se vea como el *otro*, probablemente a veces, en los entretelones alejantes del azogue, alcance a vislumbrarse a sí mismo –al verdadero *yo*– y a sorprenderse por esas diferencias evidentes en sus maneras y en sus comportamientos.

Más que la seguridad de la mentira ajena, la desconfianza se genera, precisamente, por la falta de seguridad en su verdad, en su naturaleza auténtica, en su sinceridad.

El *yo* no puede relajarse nunca; tiene que mantenerse en guardia y a la expectativa. Los demás pueden sorprenderlo cuando menos lo espere con los comportamientos más extraordinarios e imprevistos.

Samuel Ramos sostiene que "el desconfiado está siempre temeroso de todo, y vive alerta, presto a la defensiva. Recela de cualquier gesto, de cualquier movimiento, de cualquier palabra. Todo lo interpreta como una ofensa".

Incluso Ramos ve, precisamente, en la desconfianza el origen de diversas actitudes pendencieras del mexicano, quien "no espera a que lo ataquen, sino que él se adelanta a ofender".

Esta cultura de la desconfianza no se limita, sin embargo, a la esfera personal, sino que ha impregnado todos los ámbitos.

Las instituciones no sólo no se comportan como prometen (perdiendo credibilidad y ganando desconfianza en el proceso) sino que por principio y por política desconfían de toda la gente a la que, se supone, sirven y acaban generando, con ello, una costosa cultura de la redundancia y la prueba notarial.

El *yo*, constantemente, tiene que cerciorarse de contar con las pruebas documentales válidas de que ha realizado los trámites o cumplido con las exigencias establecidas por dichas instituciones.

De hecho, algunas agencias gubernamentales buscan apaciguar su desconfianza convirtiendo al ciudadano, al *yo*, a quien deberían servir, en su empleado y policía, haciéndolo responsable de actos ajenos, como el asegurarse de la inscripción en el registro federal de contribuyentes o en el seguro social de los proveedores que utiliza –so pena de convertirlo en cómplice y considerarlo como culpable– e, incluso, de los bancos en que tiene sus ahorros y le pagan intereses.

Se llega al absurdo de que el ciudadano –el *yo*– puede perder sus propiedades si a sus espaldas algún tercero hace mal uso de ellas, aún y cuando un juez determine que el ciudadano estaba certificada y notarialmente ajeno a ese mal uso y no tenía motivos para saberlo.

Tanto los mal llamados procuradores de justicia como los propios jueces tienen la desvergüenza de sostener que el ciudadano –el *yo*– tiene la obligación policial de inspeccionar continuamente el uso que se les está dando a sus propiedades. ¿Y el Estado y sus instituciones?

Estas situaciones conducen a la inaudita paradoja de que el *yo*, el eslabón más débil –literalmente débil y sin poder frente a las grandes organizaciones con las que interactúa– tiene que realizar acciones policiales y de supervisión para las cuales los fuertes, es decir las autoridades competentes, se declaran, explícita o tácitamente, incompetentes.

Por otra parte, como esta desconfianza no es necesariamente generada por una evidencia previa –semejante a la prueba de la infidelidad para el celoso, en la que las evidencias sólo pueden probar que se ha sido infiel y no existe nunca ninguna que pudiera probar lo contrario– la necesidad probatoria de las instituciones gubernamentales mexicanas –por definición– nunca puede quedar satisfecha y se le pasan diseñado, *ad infinitum*, nuevos procesos y medidas para asegurarse de que el *yo* del que por principio se desconfía, cumple con todo lo estipulado por ellas.

Cada nuevo proceso y cada nueva medida para evitarla no hace sino incrementar –precisamente– la desconfianza y con ello la incertidumbre en esa realidad en la que el *yo* del mexicano tiene que sobrevivir cotidianamente.

La (des)confianza institucionalizada

*¿Querías testigos?, me has hecho escribir
tu confesión para que los hechos que allí
cuentas existan, pues para ti sólo lo escrito
existe y no habrá más constancia que la de
un papel.*

Carlos Fuentes: *Terra nostra*

Generalmente, como se ha visto, las leyes promulgadas por el *otro* "se acatan pero no se cumplen" y, por lo tanto, no afectan para nada la realidad cotidiana del *yo*. Sin embargo, cuando el *otro* incorpora esa desconfianza en la estructura y en los procesos organizacionales mismos de distintos órganos gubernamentales con los que el *yo* tiene que tratar y lidiar, la institucionaliza y, entonces sí, afecta concretamente la vida diaria del *yo*.

Porque cuando este recelo y esta desconfianza se institucionalizan no de manera indirecta y discreta ni calladamente sino abierta y activamente, el *yo* se tiene que enfrentar a organismos gubernamentales muy fuertes que parecen desafiar toda lógica.

Pocas dependencias de gobierno reflejan mejor la dicotomía entre la realidad degradada del *yo* y las declaraciones optimistas y prometedoras del *otro* como la Secretaría de Hacienda y Crédito Público.

Desde hace tiempo, la Secretaría de Hacienda busca mejorar su imagen, modernizar su relación con los causantes y renovarse ante los ojos del mexicano contribuyente. Para ello, ha realizado periódicamente diversas campañas publicitarias en las que se presenta como una institución competente, moderna, justa y puntual.

El *otro* seguramente se ha sentido orgulloso.

Pero con esas campañas cambió la letra y cambiaron las palabras, no la manera de ser ni la cultura. Las campañas y sus declaraciones sólo subrayaron –y subrayan– la tremenda discrepancia entre el dicho y la realidad.

Hubo momentos en que las campañas decían: "Confiamos en usted" y se le decía al causante –al *yo*– que "todo sería más rápido" porque ahora "sí confiamos en usted": nadie tendría que revisarle su declaración anual antes de recibírsela; sería tan fácil y tan rápido como depositarla en un buzón. Al mismo tiempo, la campaña le daba instrucciones de cómo cerrar y pegar el sobre oficial en que realizaría la entrega y en dónde entregarlo.

Al llegar a las oficinas recaudadoras para entregarlo había dos colas. Una muy, muy larga; otra muy corta. Al verlas, uno se decía, "ahora sí está funcionando Hacienda. Quienes traemos todo como nos lo ha pedido tenemos una fila muy corta: sólo de entrega".

Pero ¡oh, sorpresa! (¿en el fondo, realmente hubo sorpresa?): la cola más larga era, precisamente, para quienes sí seguían las instrucciones: La persona a quien uno le entregaba los sobres debidamente pegados y sellados, antes de recibirlos oficialmente los abría para revisarlos y cerciorarse de que todo estaba como debiera. Y con ese gran respeto que todo burócrata tiene por el papel y los sellos, como tenía que abrir el sobre pegado y sellado, lo abría con un cuidado asombroso para afectarlo lo menos posible y volverlo a sellar. El tiempo que todo esto llevaba no hacía sino hacer la cola más larga, cada vez más larga.

La campaña no sólo no mejoró la imagen de Hacienda, sino que la empeoró: Las declaraciones verbales no hicieron sino subrayar la incompetencia, la desconfianza y lo degradado de la realidad.

Por ello, conforme pasa el tiempo y las campañas se siguen una a la otra, más de un contribuyente, seguramente tan optimista como generoso en sus juicios, al pagar sus impuestos confirma que "todo está mal en Hacienda y eso que todo ha mejorado".

Su riña con la realidad, con la razón y con la lógica parte de sus premisas e impregna por lo tanto sus procesos y sus resultados.

En sus resultados, ha sido incapaz de incorporar equitativa y universalmente a todos los mexicanos económicamente activos en el padrón fiscal ni captar para el Gobierno Federal los recursos necesarios o programados y los montos globales de impuestos previamente calculados y anunciados o de anticipar y estimar –con relativa aproximación ni siquiera con exactitud– los efectos de la recesión global.

En sus procesos, que desafían tanto la congruencia como la lógica más elementales, por una parte exige legalmente a los contribuyentes utilizar única y exclusivamente medios electrónicos de vanguardia para declarar y para pagar sus impuestos, y por la otra responde y se comunica con el contribuyente (cuando finalmente lo hace) a través de requerimientos y documentos burocráticos con dos o tres copias a papel carbón y cuyos originales no se entregan al contribuyente a pesar de estar dirigidos a él, sino una de las muchas copias –difícilmente legibles– de que constan.

El contribuyente –el *yo*– no tiene opciones para pagar sus impuestos y, aún menos, para solicitar devoluciones que los medios electrónicos de vanguardia que, muchas veces, la propia Secretaría de Hacienda no ha previamente desarrollado, experimentado y operado con éxito, por lo que frecuentemente tiene que modificar y extender los plazos perentorios o reformar los programas.

En sus premisas –al hacer abiertamente suyas, como parte integral de su propia cultura organizacional, premisas fundamentales de la cultura operante mexicana como el incumplimiento, la desconfianza, el manejo disfuncional de los tiempos, etc.– la misma Secretaría de Hacienda y Crédito Público no hace sino reforzar el círculo vicioso que –por lo menos a nivel de declaración verbal– dice buscar cambiar.

Con esa fe que el *otro* tiene en lo abstracto, lo teórico, lo promulgado y plasmado en un papel, la Secretaría de Hacienda comparte esa dificultad para traducir la realidad: vive en su propio mundo de papel en el que si está escrito es cierto, si no está escrito no existe.

Los únicos causantes que existen para Hacienda son los contribuyentes cautivos forzosamente inscritos en el padrón. Quienes trabajan en la economía informal (aún los que operan físicamente a las puertas de la propia Secretaría de Hacienda) no existen porque no se han traducido fiscalmente por escrito y no están en el padrón.

Mientras que a los inscritos (aún después de muertos) les siguen mandando requerimientos con tres o cuatro copias, a los informales no inscritos no se les ve –y, además, probablemente se tenga miedo político para verlos.

En ese sentido, si para el mexicano común y corriente, para el *yo*, la gente no existe sino hasta que se vuelve concreta, de carne y hueso; para Hacienda, el causante no existe sino hasta que cobra una realidad concreta en el papel.

En otras culturas y países sólo en los juicios formales ante las autoridades judiciales se necesitan pruebas notariales o testigos.

En México, en cambio, el documento probatorio de que se ha realizado alguna acción puede volverse más importante que la acción misma.

Esto es especialmente cierto en situaciones fiscales en donde la acción misma puede convertirse en totalmente irrelevante frente a la naturaleza del documento probatorio (factura fiscalmente válida) y el detalle de todos los requisitos que este documento debe cumplir y la información minuciosa que debe contener.

En otros países con Secretarías de Hacienda con una recaudación mucho más importante y con contribuyentes mucho más numerosos que la mexicana basta poder mostrar que un pago se ha realizado con una copia del cheque o un simple recibo manuscrito.

En México no importa si el pago se ha efectuado o no, lo único que importa es que –de haberse efectuado– se cuente con un recibo que contenga todos y cada uno de los requisitos exigidos para la factura fiscalmente válida.

Como la desconfianza y el recelo son una manera de ser y de percibir a los demás, periódicamente, se sospecha que ya se está haciendo fraude y se añaden nuevas exigencias en relación con la información que deben contener estas facturas o con la forma estricta en que debe presentarse.

Lo que en otros países y culturas suele resolverse con una simple llamada telefónica o con el envío por correo –sin acuse de recibo– de formas o documentos, en México tienen que generarse las constancias que irrefutablemente prueben que el ciudadano ha cumplido en tiempo y forma con los trámites exigidos.

Por otra parte, esa misma realidad generada a través del escrito y del papel, por su importancia para la burocracia, ha logrado que la subcultura gubernamental en general y la de Hacienda en lo particular se caracterice por el temor –en realidad: el pánico– a comprometerse con nada por escrito, por lo que a una duda o pregunta del contribuyente rara vez o nunca corresponden respuestas precisas, claras, concisas y oficiales por escrito.

Cuando se dignan hacerlo, no responden directamente a la duda o pregunta, sino que simplemente transcriben la ley que –en muchos casos de manera muy discutible– a ello *pudiere* referirse.

Con estos comportamientos, Hacienda en lo particular y las autoridades en lo general, confirman plenamente la desconfianza de contribuyentes y ciudadanos, cerrando así el círculo vicioso del recelo y de la suspicacia.

Cuando, excepcionalmente, el *yo* y el *otro* coinciden y se suman, como en casos como éste, acaban finalmente por incrementar las dificultades, la desconfianza y la incertidumbre de su propia realidad.

La (in)certidumbre

¿Miedo?... Yo siempre he tenido miedo.
Quizá hoy es el día que he tenido menos
porque tengo algo real que temer.

Elena Garro: *Los recuerdos del porvenir*

La realidad en México se comporta a su manera porque el *otro* y especialmente el *yo*, así la hemos ido construyendo; porque así la hemos ido acostumbrando; porque así la seguimos alimentando y manteniendo.

Víctimas y victimarios, los mexicanos hemos creado esta realidad siempre sorprendente e inesperada que, a su vez, nos exige utilizar absolutamente todos nuestros recursos sólo para enfrentarla.

Por una parte, está el tiempo: La concepción instantánea y concreta del tiempo y sus consecuencias, como la impuntualidad, la falta de respeto a todo horario anunciado, el desperdicio increíble de los tiempos ajenos en esperas y esperas, la irrealidad con la que se percibe el futuro –lo que imposibilita la planificación y la previsión.

No sé si como resultado de esta concepción y este manejo del tiempo, el mexicano es increíblemente paciente.

El que espera, espera, espera... y espera, y esta paciencia se extiende no sólo a cosas temporales, sino al bajo nivel en logros y en resultados que está dispuesto a aceptar o tolerar al final de esa espera.

Pero si no podemos confiar en los tiempos ni en los resultados de los demás ni cumplir con el propio, tampoco podemos depender de las promesas ajenas ni los demás de las nuestras, independientemente de si se trata de personas, o de organizaciones privadas o gubernamentales.

Inversamente, el hecho mismo de que existan promesas, aún si son en vano o generalmente incumplidas o normas y requisitos dudosos –como pedir una credencial o exigir ciertos documentos– aumenta la incertidumbre porque la persona no sabe nunca con toda seguridad a qué atenerse. Así, aunque las promesas nunca se cumplan ni la observancia de requisitos se pida, un buen día bien pueden cumplírselas o pedírsela – así, sin más– y siempre se podrá aducir que estaba amplia y previamente prometido o anunciado.

Por si todo esto no fuera suficiente para maximizar la incertidumbre, el recelo y la desconfianza generalizados –personales e institucionales– la incrementan considerablemente. El *yo* acaba, así, por vivir siempre a la defensiva y con la percepción de un entorno en estado de sitio.

En suma, el mexicano de a pie –el *yo*– no puede confiar en el comportamiento estable y predecible de su realidad externa: ¿habrá electricidad? ¿traerán el pedido? ¿me harán la devolución de impuestos que me corresponde? ¿podré sobrevivir el día de hoy –al ir a mi trabajo, al cruzar la ciudad, al salir a la calle?

La incertidumbre cotidiana suele ser tal que aún si ese *yo* fuese considerablemente más precavido que el común y corriente tampoco podría enfrentarla con éxito:

Don Carlos tiene que enviarle periódicamente papeles o documentos a su hija que vive en una localidad diferente a la suya. Para asegurarse de que le llegan con prontitud, hace el esfuerzo físico y económico de mandárselos por una empresa de mensajería nacional, reputadamente de "clase mundial". Una de las veces, después de caminar varias cuadras, llegó a la oficina de la empresa y la encontró cerrada –sin que fuera día de asueto o domingo, y sin la menor explicación. Tiempo y esfuerzo perdidos, Don Carlos tuvo que volver con posterioridad.

En otra ocasión, al llegar a la oficina y sorprenderse gratamente de que, por primera vez, no había cola, la encargada le informa que no está recibiendo paquetes porque se le acabaron las etiquetas –y sin ellas, no puede recibirlos. Notando la decepción de Don Carlos, tiene la cortesía de explicarle que no es culpa de ella; que desde antier, cuando vio que se le estaban acabando, lo reportó a la compañía y no hicieron nada.

Al preguntarle a Don Carlos por qué seguía yendo con ellos, en vez de buscar otra compañía o mandarlos por correo contesta: En correos a veces también lo encuentro cerrado o se quedaron sin estampillas y, además, nunca tengo la menor seguridad de si va a llegar ni cuándo. En otras empresas de mensajería, también lo he tratado, pero me ha pasado lo mismo y me quedan bastante más lejos.

Con la misma cultura, la competencia entre organizaciones no disminuye ni el esfuerzo ni la incertidumbre.

Aprendiendo de sus dificultades previas, antes de salir de su casa, Don Carlos llama a la oficina de mensajería de la que va a enviar sus documentos para asegurarse de que está abierta y de que tienen suficientes etiquetas.

Pero contra la realidad errática y sorprendente no se puede.

En dos ocasiones, en que la respuesta telefónica ha sido afirmativa –sí está abierto y sí tienen etiquetas– Don Carlos ha tenido que regresarse a su casa sin haber podido mandar sus documentos: En una de las veces se les "cayó el sistema", es decir, las computadoras no estaban funcionando; en la otra, "se fue la luz". Y en ambos casos, todo ello sucedió en el tiempo que le llevó a Don Carlos caminar de su casa a la mensajería, después de haber hecho su llamada telefónica para asegurarse de que no habría sorpresas.

Porque ésa es la otra: Al *yo*, no sólo le cuesta mucho trabajo y tiempo desperdiciado la contratación de un servicio, sino que una vez contratado, tampoco puede relajarse y confiar en que va a recibirlo con seguridad y certeza: en el momento menos esperado y más inapropiado se nos va la luz, el teléfono, la vida.

No habría suficiente imaginación para inventar los comportamientos inesperados y peregrinos de la realidad mexicana a la que el *yo* tiene que enfrentarse. Nunca con ese ingenio y riqueza que suelen caracterizarla. Es más fácil salir a la calle y encontrársela: supera toda fantasía y toda previsión.

Para enfrentarla, el mexicano, el *yo*, tiene que dedicarle la mayor parte de sus recursos temporales, económicos, sociales, políticos, racionales, anímicos –que en países y culturas diferentes a la suya generalmente se utilizan para la creación de obras y la generación de logros que enriquezcan sus vidas y que en México tienen que utilizarse no para vivir sino apenas para sobrevivir.

A esta incertidumbre, el *otro* responde pidiendo constantemente leyes y reglamentos porque, el mexicano –como dice Paz al referirse a nuestros caudillos– "no se dirige tanto a cambiar la realidad como la legislación. Casi todos piensan, con un optimismo heredado de la Enciclopedia, que basta con decretar nuevas leyes para que la realidad se transforme".

Por todo lo que el *otro* predica y por el tipo de legislación que constantemente busca, debe ser evidente que el mexicano de a pie, el *yo*, sueña –precisamente– con la certidumbre, la certeza, a pesar de que, en su vida cotidiana, se le vea florecer en la ambigüedad y en la incertidumbre y que, con sus propios actos, contribuya generosamente a mantener y a incrementar esa misma incertidumbre.

El rey

...pa' servirle al patrón
que me mandó llamar anteayer

Tata Nacho: *La Borrachita*

hago siempre lo que quiero
y mi palabra es la ley

José Alfredo Jiménez: *El Rey*

El *yo* del mexicano tiene una visión muy jerárquica y sumisa del poder. El *otro*, en cambio, no podría ser más libre, autoritario y autosuficiente.

Por eso, muchas veces, el *yo* quisiera ser el *otro*.

Como pocos, los mexicanos entienden y respetan el poder. Comprenden tanto su valor absoluto (el que posee la fuerza, los recursos) como su valor transitorio situacional (el policía en activo, el maestro en el salón de clase, el automovilista manejando, para no hablar del político en funciones) y –cuando lo tienen o creen que lo tienen– lo ejercen sin miramientos, sin cortapisas y sin compasión.

Sin embargo, como el *yo* del mexicano no se contempla como esencialmente igual a todos los demás, sino que, a diferencia de otras culturas, distingue jerarquías que percibe como absolutas, permanentes y naturales que vienen con uno (ligadas al nacer, la posición social y la familia), al valor situacional, transitorio y relativo del poder, el *yo* del mexicano integra un valor absoluto del poder como característica permanente de ciertos grupos y de ciertas personas

Insertos en una estructura autoritaria, llámese familia, escuela o trabajo, parecemos definirnos en función de esta estructura y no de lo que individual y personalmente seamos o queramos.

Los hijos aprendemos a obedecer o a rebelarnos. Los padres son los jefes, operativa y, a veces, hasta nominativamente hablando. En la generación de mexicanos nacidos en los años 50 del siglo pasado, por ejemplo, es frecuente que los hijos hombres se refieran a sus padres como "mi jefe" y "mi jefa" y que, incluso, esos términos sustituyan al "papá" y al "mamá" al hablar directamente con ellos.

Los padres son quienes permiten o prohíben (generalmente, sin mayor apoyo o explicación racional que simplemente porque ellos lo dicen – aún en los muchos casos en los que tienen la razón); otorgan o retiran los permisos; desembolsan o retienen el dinero para gastar.

Esta organización autoritaria no está indispensablemente ligada a la capacidad de los padres para sostener económicamente a los hijos. Incluso en casos en que los hijos se sostienen por sí mismos, no es sorprendente que esta relación de autoridad se mantenga.

En la escuela, el esquema se repite. El maestro no es siempre una fuente potencial de información ni un facilitador del aprendizaje, pero siempre es la autoridad en el salón de clase. Es quien revela la verdad, más que quien enseña a buscarla. Es quien aprueba o reprueba no sólo lo que aprendemos y el grado de aprendizaje sino todo lo que hacemos, decimos y hasta pensamos.

El alumno se acostumbra a leer esa aprobación o reprobación en la cara misma del profesor (como aprendió, en su casa, a leerla en la cara misma de sus padres) en todo lo que hace, por lo que hasta sus opiniones públicas más nimias quedan sujetas a ella y el niño o el joven ejercen la autocensura a partir de los gestos faciales aún involuntarios, de padres y maestros.

A diferencia de otras culturas, la mexicana no alienta la generación y mucho menos la expresión de opiniones personales: sería alentar la independencia.

En una cultura donde la verdad es única y absoluta, lo que se promueve es la repetición literal de lo aprendido, por lo que no se estimula ni siquiera que esas verdades se viertan en otras palabras que no sean las originales.

En la prepa, como me parecía que nada tenía pies ni cabeza en mi clase de lógica y no podía entender absolutamente nada, al prepararme para el examen, mi único camino fue literalmente memorizar con sus puntos y sus comas todo lo dictado por el profesor. Y así respondí a todas las preguntas del examen.

Cuando el profesor que impartía la materia nos iba a devolver los exámenes corregidos, nos habló de cómo –al calificarlos– él premiaba la reflexión personal y la originalidad individual y castigaba severamente la repetición memorística. Sin darme cuenta de que era el *otro* quien nos hablaba, en ese momento tuve la plena seguridad de haber reprobado: yo había repetido al pie de la letra todo lo dictado por el profesor.

Pero no, no sólo no había reprobado; había sacado 10 con la nota adicional al margen: "excelente trabajo de análisis y aportación personal". Afortunadamente para mí, no había sido el *otro* sino el *yo* quien había calificado los exámenes.

No debe sorprender, entonces, que el sistema educativo se apoye en la memorización, no en la comprensión ni el análisis. No es que los maestros no hayan oído de técnicas educativas más modernas, sino que éstas chocan con su forma de ser y de pensar (y con la forma de ser y de pensar de la cultura mexicana misma) cuando se trata de alentar la diversidad y la independencia.

El alumno entiende de jerarquías: el maestro es la autoridad en el salón de clase, pero el director es la mayor autoridad en la escuela y –a menos que el maestro forme parte de un grupo de poder que lo equilibre, como el sindicato– puede hacer y deshacer en la escuela sin tomar en cuenta al maestro.

En ello pueden quedar incluidos el cambio de calificaciones, los contenidos potencialmente controvertidos en algunas asignaturas, las conductas de profesores y alumnos, etc.

El esquema se repite nuevamente en el trabajo: Los mexicanos tendemos a ser empleados insertos en una organización y no profesionales libres, independientes y autónomos.

No importa cuál sea la cachucha del *yo*, cualquiera que sea su rol o investidura nominal, el *yo* acaba por a ser un empleado.

Y esto es tan cierto para el maestro desde el de preescolar hasta el de posgrado, como lo es para el periodista, para el actor, para el político, para el que sea.

Hemos ido creando y manteniendo una cultura del empleado, del dependiente sumiso y subalterno –independientemente del ramo, la profesión o el área de trabajo– y no una cultura del profesional independiente, responsable y autónomo.

El político es un peón de su partido y en sus comentarios, como en sus votaciones, responde no a los intereses de los ciudadanos que los eligieron sino a los deseos e intereses de su partido y de sus caciques o directivos. Ellos son los que le asignarán la próxima chamba y lo nombrarán candidato a un nuevo cargo, una vez que concluya el período del cargo actual para el que fue electo. Ellos son los que le tirarán el próximo hueso que le permitirá su permanencia continua en la política.

Los actores y actrices, igual que los conductores de programas y los reporteros y titulares de noticieros, son empleados de las televisoras. Sin una ética independiente propia se pliegan en lo que hacen a la voluntad de sus jefes organizacionales.

Se da ¿la burla? ¿el engaño? ¿el auto-engaño? de comentaristas connotados, aunque quizás equivocadamente respetados que para sentirse tan modernos como honestos advierten desde el principio (para que no los tilden de doblez o disimulo) que son empleados de tal o cual televisora cuando escriben un artículo sobre un tema relacionado.

Pero el servilismo y la falta de ética puede darse no sólo en lo que dicen sino en lo que callan: Y nunca explican por qué se han quedado callados todas las veces que su televisora difunde noticias que no son ciertas o cuando públicamente amenaza a servidores públicos con campañas para desprestigiarlos –o desaparecerlos de las pantallas– si no hacen lo que dichas televisoras ordenan.

De no entenderse la perspectiva del profesional como empleado, estos comportamientos serían éticamente incomprensibles en el ejercicio ético y profesional del periodismo, televisivo o de prensa.

Y muchas veces, el mexicano de a pie, el *yo*, que no la entiende, los supone profesionales éticos y autónomos.

Como si esta vocación de empleado no estuviera suficientemente enraizada en la cultura mexicana más amplia, las televisoras, para mantener e incrementar su poder sobre sus empleados, han creado –con apoyo de éstos– una subcultura excluyente que impide que los empleados de una cadena televisiva (actor, reportero, conductor, etc.) puedan trabajar en otra, algo que generalmente nunca sucedería en muchas otras partes o regiones del mundo.

Este mismo tipo de relación es la que se da entre maestros de preescolar, primaria, secundaria, bachillerato y profesores universitarios y las instituciones educativas o universidades en las que trabajan.

En México, el profesor universitario –como el actor, como el periodista, como el político, por solo citar algunas profesiones– suele ser un empleado de la institución para la que trabaja, a diferencia de otros países y culturas, en donde la carrera de profesor universitario suele desarrollarse escalando niveles y posiciones en distintas universidades, tanto públicas como privadas, construyendo con ello un prestigio profesional en su comunidad de pares –trabajen donde trabajen– y no en función de organizaciones aisladas.

En México, si el profesor universitario llega a perder el empleo buscará –como en cualquier otro tipo de trabajo– una nueva organización que lo ocupe sin poder apoyarse en un prestigio interinstitucional que aquí –en la cultura mexicana– no se genera porque no existen las comunidades profesionales extra-institucionales tan generalizadas en otras culturas.

Los colegios profesionales que operan generalmente tienen, más que una orientación académico-profesional, un sesgo político dentro de la estructura corporativa del poder, equivalente a las cámaras de comercio o de la industria, originalmente obligatorias por ley, que servían ¿sirven? para el control político.

En suma, se hable de periodistas, de políticos, de profesores, de actores, o de un sinnúmero adicional de profesiones, ninguna de ellas parece tener en México una vida propia que responda a los estándares generales, impersonales y universalmente compartidos para la profesión o el oficio, respetuosos de una ética profesional igualmente compartida e igualmente independiente de las organizaciones en las que el profesional se desempeñe.

En ninguna de ellas, tampoco, se puede hacer en México una carrera verdaderamente profesional –común y corriente en otros países y culturas– independiente de los gustos, los sesgos o los caprichos de una organización en lo particular o de un jefe.

Me refiero a una carrera que se desarrolle por competencias profesionales y méritos propios; por escalar posiciones en diferentes organizaciones; y por obtener distinciones por logros profesionales del gremio profesional mismo, de los propios pares –sin importar en qué organización u organizaciones se trabaje o se haya trabajado.

Por el contrario, en México se trata de una pirámide autoritaria en cuya cúspide parecen encontrarse –literalmente– las autoridades: los políticos enquistados en los tres niveles y en los tres poderes, cuando se trata del gobierno; los directores y dueños, cuando se trata de empresas u organizaciones públicas o privadas.

Como las instituciones, sean públicas o privadas, suelen tener comportamientos semejantes y paralelos, baste para ejemplificar, la figura del gobierno:

Herederos de padres, de maestros y de jefes, contemplan y tratan al mexicano no como ciudadano sino como súbdito; no como quienes están ahí para servirlo sino como poder supremo para regirlo.

Poseedores de la verdad y de la fuerza su actuación a nombre de la ley es, por definición "con apego irrestricto a derecho", independientemente de cómo pudieren interpretarse sus comportamientos: Su realidad es menos verdadera que las declaraciones posteriores que los califican y justifican.

Pero si las autoridades heredan de padres, de maestros y de jefes, las estructuras de poder en la que nace, vive y se mueve el *yo* del mexicano, no heredan la confianza natural que los hijos tienen en sus padres; los alumnos, en sus maestros; los empleados en sus jefes. No.

A la desconfianza natural y gratuita de la que hemos hablado, viene a sumarse una desconfianza históricamente muy bien ganada por las autoridades por tantas y tantas promesas incumplidas, declaraciones palpablemente falsas o, posteriormente, descubiertas como tales, etc.

Y en este sentido, aunque desde la perspectiva de las autoridades poco ha cambiado en la actitud obediente y respetuosa del *yo* frente a sus autoridades; sí principian a notarse los primeros indicios si no de rebeldía por lo menos de indocilidad de los súbditos ciudadanos.

No se trata necesariamente de levantamientos armados sino de pronunciamientos verbales: En algunas ocasiones ya no tan infrecuentes, el *yo* no se doblega necesaria y automáticamente ante las declaraciones de sus autoridades por tajantes, por determinantes que éstas pretendan ser.

A veces, se atreve ya a hacer sus propias declaraciones –que rechazan o desmienten lo declarado categóricamente por sus autoridades.

Y, en una cultura de declaraciones, la rebelión puede armarse de palabras

El *yo* en funciones

Si el jurista fantástico pleitea,
si el arrogante médico os aplica
la mano al pulso y a Galeno hojea;

Bernardo de Balbuena:
Grandeza Mexicana

El *yo* del mexicano, por otra parte, está muy consciente de lo mucho que el poder –aún el contextual y transitorio– puede ayudarle para enfrentar mejor la incertidumbre de su realidad cotidiana, como si al salir a la calle saliera mejor pertrechado y menos vulnerable.

Por un lado, tiene el poder temporal que le extiende su gente, a través de sus relaciones y contactos. Por otro, tiene el poder transitorio que le confieren ciertas actividades, funciones e investiduras.

Ambos son condicionados y limitados: Los contactos y recomendaciones de su gente sólo le sirven si conocen, son amigos o tienen alguna influencia directa en aquellos que –en un determinado momento– son importantes para él y ante quienes necesita esa "palanca" que su gente puede ofrecerle. El poder transitorio se extiende únicamente sobre quienes están sujetos a éste y durará sólo lo que duren esas funciones o se mantengan el puesto o la investidura.

Cuando el *yo* realiza ciertas actividades, como ir detrás del volante de su auto o desempeña ciertas funciones, como policía, maestro, etc., detenta un poder temporal que le otorga su automóvil o la función que desempeña, pero este poder se extingue diariamente al bajarse del automóvil, al cesar la actividad o al concluir horarios propios de la función o del puesto que ejerce.

Y, en ambos casos también, como una Cenicienta después de la media noche, el *yo* vuelve a su estado normal de indefensión una vez agotados los tiempos o los servicios de la palanca, de la actividad o de la función.

Y es interesante constatar la conciencia de esa temporalidad por parte del *yo* y su facilidad para el cambio de roles o papeles: La misma persona que ignora totalmente a los peatones cuando va al volante de su auto y casi los atropella, se somete servil y cuidadoso a los automovilistas cuando está en el rol de peatón. El mismo guardián déspota del acceso a algún servicio, se vuelve dócil y sumiso cuando está en el rol de la persona que requiere acceder a los servicios de una institución diferente.

Si la realidad fuese la realidad ordenada que busca legislar el *otro*, no habría necesidad de "palancas" ni de sometimientos ante la fuerza temporal ajena: Las colas se respetarían; los puestos se concederían a quienes cumplan con los requisitos estipulados; la gente sería recibida en el orden en que lo haya solicitado; el peatón, sin más armas que sus zapatos, sería tan o más fuerte que el automovilista con su automóvil; etc. porque en todos los casos la ley se cumpliría estrictamente para todos de manera cierta, impersonal y general.

Pero ésa no es la realidad del mexicano y el *yo* tiene que allegarse todos los recursos posibles para enfrentarse a la vida, para facilitarse la actividad cotidiana.

Si tiene meses esperando que le instalen un servicio, el que alguien de su gente conozca a algún jefecito de la compañía en cuestión, y lo llame o los ponga en contacto, puede resolverle todo y evitarle más vueltas y más esperas.

De igual manera, el *yo* del mexicano puede utilizar esos mismos recursos para complicarse la vida y complicárselas a otros: La misma falta de reglas y de normas o de la aplicación de éstas, cuando existen, le conceden un gran margen de maniobra en muchas profesiones o tareas, desde el cajero del banco –que puede decidir si le acepta tal o cual identificación a un cliente como válida; al policía –que puede clasificar o no conductas como sospechosas o delictivas; al maestro –que aprueba, reprueba y pone faltas o las ignora o las justifica; o al guardián que cuida la puerta de la sala de emergencias en una clínica o en un hospital –que puede apresurar o retrasar entradas.

Lo mismo puede decirse de ese *yo* cuando se coloca detrás de un volante y se convierte en una verdadera amenaza no sólo para los peatones sino también para los otros automovilistas.

Y esto es cierto aún para los que no poseen un auto: Se transforman en cafres con los autos prestados sin la menor empatía por los mismos los peatones que ellos habitualmente son y siempre han sido.

Y en estos casos, esta transformación no tiene mayor explicación que porque se saben, consciente o inconscientemente, poseedores de ese poder breve y transitorio que les otorga el auto; porque sí; porque así le hacen todos; o porque la fuerza bruta del automóvil –esa arma rodante que en estos momentos maneja– le ofrece un breve paréntesis de poder y de fuerza a un *yo* habitualmente débil y sin apoyos.

El tamaño del arma, su fuerza, se mantiene como el denominador común en estas relaciones de poder y dominio: el automovilista mismo es, a su vez, reducido al papel del peatón frente a un autobús de pasajeros o un camión de carga grande: tiene que someterse a las arbitrariedades potenciales del chofer que maneje el autobús o el camión, cuando éste, a su vez, se haya también transformado en cafre.

Es ésa la cadena del poder temporal y transitorio y todas las partes parecen saberlo y, en su caso, disfrutarlo o sufrirlo.

El *yo* sabe, sin embargo, que al bajarse del auto, al quitarse el uniforme y regresar a su casa, al abandonar el aula, al cerrar su ventanilla bancaria, volverá a ser el mismo *yo* igual que el de todos los días.

En un país como México en el que la abstracción de las leyes cuenta poco frente la concreción de la realidad, sus lugares y sus tiempos, las autoridades acaban coludidas con el automovilista en su ejercicio del poder frente al peatón al no ofrecer ni los tiempos ni los espacios para que el peatón pueda cruzar las calles con seguridad: Generalmente no se marcan consistentemente las zonas de cruce peatonal ni se programa el semáforo para que el peatón tenga siquiera el tiempo indispensable para cruzar la calle con seguridad y sin correr para evitar que los autos se le echen encima.

La situación es tal que, en México, se ha llegado al grado de que cruzar sano y salvo una calle –y en especial una avenida– podría clasificarse como un deporte extremo.

En este juego del poder y del tráfico en las calles, el peatón es quien queda más abajo en la escala de poder: no tiene ninguno.

Adicionalmente al vehículo que maneje y a su tamaño, el mexicano encuentra y disfruta otro tipo de relaciones de poder:

Víctima y victimario, el *yo* también es capaz de utilizar un poder que legalmente no tiene –el abuso, la incertidumbre de qué puede hacer o de qué puede pasar– para romper las normas de convivencia más mínimas, como meterse en la cola o utilizar un carril que no debe para adelantárseles a quienes han perdido su tiempo manteniéndose pacientemente en la cola o en el carril correctos.

Y, agregando sal a la herida –porque no es premio suficiente el logro mismo de haberse metido o haberse adelantado sino que requiere que "los perdedores" se lo reconozcan– el gandalla que rompe las normas y abusa de la situación, todavía tiene la desvergüenza de voltear a ver a los que están detrás en la cola o a los automovilistas a quienes egoísta e injustificadamente se les adelantó para –viéndolos a la cara con una mueca que pretende ser una sonrisa sardónica– asegurarse de que los demás registran plenamente su superioridad como automovilista y, por supuesto, también como persona.

De comales y caballos

'¡Doloritas! ¿Ya ordenó que me preparen
el desayuno?' Y tu madre se levantaba
antes del amanecer. Prendía el comal.
Los gatos se despertaban con el olor de
la lumbre.

Juan   Rulfo: *Pedro*
Páramo

A pesar de que los tiempos han cambiado, la definición de papeles o de roles de hombres y mujeres, su relativa rigidez y la distancia que los separa no han cambiado tanto en los últimos cien años.

Nuevamente aquí, el *otro* y el *yo* también difieren. Por moverse en la abstracción y en el deber ser, el *otro* es definitivamente más igualitario que el *yo*. La igualdad entre hombres y mujeres es, para el *otro,* una cuestión en parte del espíritu de su tiempo, pero también de principios y, por lo tanto, un punto de partida de toda legislación.

Por ello, a diferencia de otros países y culturas, en México, la mujer no pierde nunca ni cambia legalmente su nombre al casarse y, en caso de divorcio, no tiene que cargar el historial de sus maridos en la ristra de apellidos que se van acumulando detrás de su nombre de pila.

También es cierto que a partir de los años cincuenta del siglo XX, cuando finalmente adquiere el derecho al voto, la mujer ha ido –poco a poco– rescatando para sí algunos de los derechos legales que le corresponden como ser humano y que solamente por su sexo no había tenido.

Cincuenta años antes, el hombre podía disponer de la herencia de su esposa, no sólo sin su consentimiento, sino sin su firma, porque legalmente no la necesitaba.

Lejos –aunque no tanto– están también los tiempos en que la mujer tenía que disculparse por no tener más que hijas como si, por una parte, el sexo de su descendencia dependiera sólo de ella y, por la otra, hubiera que pedir disculpas o fuese una desgracia que esta descendencia fuera sólo del sexo femenino.

Y aunque el *otro* declara solemnemente no fijarse en el sexo de sus descendientes, el *yo* quiere calladamente de ambos sexos, pero sigue prefiriendo que "el mayor sea varoncito". Y si le aprietan el zapato y únicamente fuera a tener hijos de un solo sexo, definitivamente pediría que fueran varones.

El machismo y los machos, sin embargo, siguen vivos en el *yo,* aunque se hayan suavizado o escondido algunos de sus rasgos más feroces.

Al casarse, la mujer pierde mucho del poder que tenía como novia, y aunque se le declare "la reina del hogar", su reinado parece enfocarse a la elección de trastes y vasijas y el territorio de su reino fundamentalmente limitarse a la cocina –aún en los muchos casos en donde, además, trabaja fuera del hogar.

El hombre generalmente sigue siendo el responsable de mandar, emborracharse y, por lo menos en sus canciones, el que sufre los dolores del cortejo. Aunque ese dolor que surge del amor mal o no correspondido de novio se convierte muchas veces en directivas y gritos después del matrimonio.

La mujer sigue siendo responsable de "llorar y llorar", aunque también esos llantos se han ido paulatinamente reduciendo.

Todavía muchos hombres se sienten muy modernos –y lo presumen orgullosos a los cuatro vientos– cuando llegan a consultar a su mujer en temas relacionados con el mundo de afuera de su casa y a tomar su opinión en decisiones económicas familiares.

Muchos, también, siguen sin conocer la cocina; sin saber prender una estufa, lavar los trastes o prender siquiera la lavadora de ropa.

Y aunque participan más en la crianza de sus hijos, parecería que –en muchos casos– es más una contribución voluntaria y personal y no parte de una responsabilidad plenamente compartida.

Con todo, en la cultura mexicana sigue existiendo mucha rigidez en la definición tanto de los sexos mismos, como de las tareas y obligaciones propias de cada uno. Por ello, generalmente, las tareas y responsabilidades del hogar tienden a dividirse más por el sexo que por las necesidades propias de esa pareja o esa familia –aún en los muchísimos casos en los que la mujer trabaja también fuera del hogar.

En los momentos de crisis económica las instituciones privadas de educación superior suelen perder una gran parte de su población femenina: Las familias de clase media a las que pertenecen, parecerían que siguen contemplando la educación de las hijas como algo si no superfluo sí, por lo menos, no tan esencial como la de los hijos varones – quienes después de todo "van a tener que mantener un hogar".

Y desde esta misma perspectiva, pueden no ser tampoco sorprendentes las herencias diferenciadas –donde a las hijas casadas se les lega bastante menos que a los varones, puesto que "ellas ya tienen su vida asegurada" mientras que "los varones tienen que enfrentarse a los avatares del destino".

Silenciosamente, sin embargo, como por lo visto se ha dado por años y por años, la mujer sigue mandando y controlando a su manera la casa y la familia, aunque el hombre sea el que hable y, sobre todo, el que grite.

Profesionalmente –aunque la mujer suele recibir un salario menor al que recibiría un hombre cumpliendo con las mismas funciones– se le han venido abriendo espacios aún cuando no siempre alcance una plena igualdad y, muchas veces, continúe existiendo una preferencia solapada –y no tan solapada– por el varón.

Para las diferencias salariales, suele aducirse todavía el consabido "ella no tiene que mantener una familia" –que, cada vez, deja de tener menos verdad, si alguna vez la tuvo– pero la pervivencia de la discriminación de género sigue siendo su razón fundamental.

El cambio es más notable en los espacios profesionales que, finalmente, se le han abierto a la mujer.

"Mujer que estudia latín, tiene mal fin" decía el refrán y en México hasta hace menos de medio siglo la mujer preparada no sólo asustaba a los hombres en el plano personal –y acababa "para vestir santos", o, más agresivamente, de "solterona"– sino que tenía pocos espacios profesionales que podía ocupar.

Básicamente las únicas actividades que, usualmente, se veían como aceptables eran las de maestra, secretaria y enfermera.

La Escuela Normal fue, por años, la única institución educativa que, sin ser exclusiva para mujeres, se contemplaba como su campo natural de estudios. Durante todo el siglo XIX y la primera mitad del XX, las mujeres, si iban a la escuela y querían estudiar algo, generalmente acababan en la Normal.

Con el correr de los años, la mujer podía ir a la academia a estudiar taquigrafía y mecanografía y convertirse en secretaria.

Pero a la mujer con estudios superiores parecía no quedarle más espacio abierto que, también el de ser secretaria. Era el único espacio que las estructuras profesionales, organizacionales y laborales –y también las sociales– le permitían.

Inicialmente eran casos atípicos porque la gran mayoría de las mujeres –y de los hombres– hasta la primera mitad del siglo pasado no realizaban estudios superiores.

Con o sin estudios superiores, en la mayoría de los casos, laboralmente se reproducía el mismo esquema de relación que se daba en el hogar: la mujer, por brillante que fuera, disimulaba su inteligencia y sus conocimientos, para "darle su lugar" al marido o al jefe, y así el hombre pudiera ser no sólo el único que gritaba, sino también el único que pensaba.

Y aún en las primeras décadas del siglo XXI, muchas mujeres tienen todavía que seguir disimulando.

Esquinas bautizadas

¡Cuán raro fue el viador que en la partida
dejó, para los tránsitos futuros,
una hoguera encendida
en la piadosa puerta de salida
o una noble inscripción sobre los muros!

Enrique González Martínez:
Casa con dos puertas

En esta repartición que se hacen el *yo* y el *otro* en donde al primero le toca lo particular y lo concreto y al segundo, lo general y lo abstracto, al *otro* le gustaría pensar que una esquina es una esquina, igual y de la misma naturaleza que todas las esquinas: el cruce de dos calles con los señalamientos apropiados para el tráfico de vehículos y de peatones.

El *yo* sabe, perfectamente, que no es cierto. Que, en México, cada esquina es su propia esquina –diferente de todas las esquinas, aún de las más cercanas– con su propia cultura, con sus propios hábitos y maneras de ser y de portarse, con sus particularidades características y sus propios peligros.

Como todas las cosas, como la gente misma, en México, hasta el espacio se vuelve diferente una vez que se convierte en un espacio concreto y conocido, en un lugar bautizado.

Los cruceros, independientemente de todos los señalamientos –que frecuentemente no existen, son francamente ilegibles, los tapa algún árbol o están en lugares donde no le sirven a nadie porque, de leerlos, sería ya muy tarde para poder acatarlos– tienen, cada uno, sus características propias y singulares.

Cada esquina tiene sus normas y expectativas particulares no escritas aunque, en general, sorprendentemente lógicas dadas las condiciones específicas que la caracterizan pero que, también generalmente, contravienen todos los principios aceptados de tránsito vehicular y de seguridad peatonal.

Si uno no está plenamente familiarizado con la cultura de la esquina, de *esa* esquina, corre el riesgo no sólo de recibir los pitazos airados de los demás automovilistas sino de, literalmente, entorpecer la vialidad e incrementar el riesgo tanto para sí y los demás automovilistas como de los peatones familiarizados con la forma correcta de cruzar *esa* esquina.

Hay cruceros en los que el tráfico sigue sin detenerse por un buen rato después de que el semáforo se pone en rojo: Los automovilistas a quienes les toca el verde, si no saben que tienen que esperarse hasta que les llegue su turno, pueden causar un accidente.

Por el contrario, hay cruceros en donde los automovilistas se detienen completamente apenas se pone en amarillo; los otros automovilistas lo saben, lo esperan y arrancan de acuerdo con esa costumbre.

Y no se requiere de semáforos: hay esquinas en las que los automovilistas que transitan por la calle que tiene un señalamiento de alto no sólo nunca se detienen, sino que ni siquiera disminuyen su velocidad mientras que los automovilistas que transitan por la calle que supuestamente tiene la preferencia hacen un alto completo.

La cultura de la esquina y del crucero dicta qué carriles tomar y en qué momento; cuándo acelerar y cuándo detenerse; si se le va a dar tiempo al peatón para cruzar, por qué lugares y carriles y en qué momento.

Con la atención del *yo* no sólo en lo concreto sino en el aquí y el ahora, esa cultura puede exigir comportamientos distintos de acuerdo con la hora del día y lo que se exige a las ocho de la mañana puede ser totalmente inaceptable para esa misma equina a las dos de la tarde.

Los peatones, que de todas maneras se juegan la vida al cruzar cada calle, se arriesgan todavía más si no saben en qué momento, por dónde y con qué rapidez cruzar o hacia qué lado voltear para minimizar los riesgos y evitar ser arrollados –de acuerdo con la cultura de la esquina, de *esa* esquina.

El *yo* que la conoce, se comporta de acuerdo con las normas no escritas de *esa* esquina, aún si tuviere que violar –como generalmente sucede– dos o más leyes de tránsito.

No sólo eso: el *yo* que reconoce que, en México, cada esquina tiene su manera de ser y comportarse, al acercarse a una esquina que desconoce, lo primero que hace es tratar de aprender esa manera de ser por los comportamientos de los automovilistas que lo preceden y los peatones que la cruzan y trata de comportarse de acuerdo a lo aprendido; comportarse como nativo y no como extranjero.

La mayoría de las veces lo logra, pero no siempre, especialmente si se olvida que en México la realidad es totalmente impredecible y siempre sorprendente y que siempre hay algún gandalla que rompe no sólo con la leyes escritas y promulgadas por el *otro*, sino con las prácticas y formas de comportarse del *yo*, si ve que con ello tiene alguna, aún la más mínima, ventaja –aunque no sea más que, internamente, sentirse más listo que todos los demás.

El metro degradado

no sé cómo no te amañas
y elevas a Dios un grito
por los pitos de tus fraguas
y de tu industria en los silbos"

Alfonso Reyes:
Romance de Monterrey

Mientras que el *otro* establece la perfección como su estándar mínimo de referencia, el *yo* del mexicano utiliza en su vida diaria un metro tan degradado para medir las cosas que acaba, finalmente, por aceptar lo inaceptable.

Parece no darse cuenta que, en medio de las culturas que lo rodean, sólo él es capaz de aceptar esa realidad degradada del televisor que no se ve ni con la mayor imaginación; del calefactor que no calienta ni cuando uno se arropa en cobijas; del gobierno que no funciona ni cuando uno se encierra en su casa.

Y si llega a quejarse le llueve sobre mojado: El que le reparó el televisor al venir a revisarlo lo encuentra si no perfecto, sí totalmente aceptable "con algunos detalles que siempre van a tener los aparatos".

Las repuestas sobre la calefacción, sobre el gobierno y, en general, sobre todos los temas que se quiera suelen ser idénticas o equivalentes.

Si se insiste, quien lo hace generalmente se percibe como algún desadaptado –obviamente extranjerizado– que no conoce México ni tiene idea de la realidad –y sus peticiones se perciben como una larga lista de ilusiones o deseos.

En las citas, por ejemplo, aunque también intervienen aquí las variables de concepción y manejo del tiempo que ya se han comentado, no es extraordinario que el mexicano –si llega– llegue hasta 45 minutos tarde y que él sienta que ¡está siendo puntual!

La estandarización en cuanto nivel de expectativas generales e impersonales, así como los metros para establecerla parecerían ser, para ese *yo* del mexicano como conceptos muy abstractos y, por lo tanto, ajenos.

Su concreción inconsciente es un más o menos que generalmente cada vez es más menos; un menos que se va paulatinamente degradando.

En un gimnasio al que asisten tanto mexicanos como extranjeros, un mexicano buscaba unas mancuernas de 15 kgs. Tratando de ser servicial, uno de los extranjeros le pregunta qué busca, a lo que el mexicano le responde que unas mancuernas de 15 kgs. Amablemente, el extranjero apunta a un lugar donde hay un juego de mancuernas marcadas con 15 kgs. y dice: "¡Ahí hay!" A lo que el mexicano responde "sí, pero no son ésas las que busco. Busco las que tienen una mancha en la orilla".

El extranjero no entiende: Para él, las mancuernas de 15 kgs. son iguales a todas las mancuernas de 15 kgs. Son del mismo tamaño y pesan exactamente los mismos 15 kgs.

El mexicano sí entiende: Todas las mancuernas marcadas "15 kgs.". suelen aproximarse –con algunos gramos o hasta kilos de más o de menos– a ese peso de 15 kgs. sin que haya dos que pesen exactamente lo mismo. Si no utiliza exactamente las mismas mancuernas y entrena con cualquier mancuerna de 15 kgs. estaría variando –al azar– el peso con el que entrena.

El *yo* sabe que, en México, no sólo los kilos registrados por cada báscula suelen ser diferentes, sino que cada kilo tiene sus propios gramos y cada metro su propio largo.

Pero el *yo* tiene que lidiar con muchos otros *yos*:

Mientras en el televisor pueda verse algo de la imagen, uno no puede quejarse con la administración del hotel de que el televisor no funciona porque dirán que evidentemente sí funciona porque ¡¡¡sí se ve!!!

O cuando se llama al número telefónico responsable de información de casi todas las oficinas gubernamentales y muchas de las empresariales, cuando finalmente contestan dan información incompleta, teórica (es decir, no se aplica) o equivocada.

Si el objetivo es pedir el número telefónico de otra dependencia, responden con un número telefónico. Uno agradece la información y marca ese número.

En muchos casos responde una grabación telefónica que informa que ese número no funciona, ha sido desconectado o ha cambiado (por supuesto, sin ofrecer el nuevo).

Cuando uno tiene la suerte de que siga siendo el mismo número, después de 40 minutos de estar llamando sin que contesten, uno vuelve a hablar al teléfono que originalmente marcó para obtener esa información. Cuando finalmente contesta y uno se queja, la persona que responde dirá –¡realmente sorprendida!– que el número definitivamente sí funciona y que lo único que hay que hacer es mantenerse en la línea hasta que contesten –sin parecer tener noción de que la extensión de la espera que para ellos es normal, no lo sería para el resto del mundo.

Y esto también es cierto en la construcción de todo aquello para lo que, en el resto del mundo pero no en México, existen estándares definitorios, aceptados y compartidos: Albercas olímpicas, canchas de básquet, carriles o salidas en vialidades, etc., que aquí generalmente acaban siendo de tamaños distintos a los foráneos porque se usan sólo aproximaciones y el mismo metro degradado.

Ese metro que, en México, también se utiliza en la aplicación de pruebas visuales, auditivas, sensoriales, psicológicas o lingüísticas estandarizadas.

Por ejemplo, cuando uno va a renovar la licencia de conducir, se nos manda con el optometrista para que se asegure de que se tiene la visión mínima necesaria. Éste, de inmediato, nos pide leer las letras en un tablero que nunca está a la distancia reglamentaria para la que fue diseñado. Generalmente mucho más cerca del lector de lo que debiera, la prueba se convierte –al perder las condiciones que podrían darle alguna confiabilidad– en un ritual que cumple perfectamente con la función de generar el significado de que el conductor potencial se sometió y aprobó la prueba; y está visualmente apto para conducir. Ese rito lo confirma. De si el conductor tiene realmente la visión necesaria para conducir, eso es otra cosa.

Con sus metros degradados, el *yo* del mexicano no puede darse el lujo de tener expectativas y, mucho menos, de organizar su vida en torno a ellas.

Es como si saliera a comprar una tela y aunque les pida tantos y tantos metros nunca sabe –precisamente por el metro degradado que se utiliza para medirla– el tamaño real de la tela que compró sino hasta llegar con ella de regreso a su casa y ponerla en el lugar concreto para el que la compró.

Al final, el *yo* acaba por aceptar el metro degradado como el menor de los males:

María realizó cuidadosamente el informe escrito que le pidieron en la escuela. Al terminarlo y revisar que no hubiera manchas, borrones o tachaduras y que el papel no estuviese ajado, fue a la papelería para que se lo engargolaran.

La primera papelería estaba cerrada, a pesar de que el horario aseguraba que debía estar abierta a esa hora; en la segunda, después de esperar su turno para ser atendida, el dueño le dijo que como no estaba su esposa, que era la que sabía usar el aparato, no le podían engargolar el trabajo; finalmente, en la tercera papelería a la que fue, una persona muy amable se lo engargoló.

Al regresar a su casa –muy contenta por tener su informe listo un día antes de la fecha límite– María, engolosada y satisfecha, se pone a hojearlo y ¡oh, sorpresa!: las hojas parece que están sueltas o se desprenden. En pánico regresa a la papelería donde se lo engargolaron, pero, a esa hora, ya está cerrada.

Después de una mala noche, María regresa en la mañana y la persona que le hizo el trabajo, con la misma amabilidad del día anterior se lo vuelve a engargolar; cuando parece que terminó, deshace lo hecho, repite el proceso y así sucesivamente hasta que abocina los agujeros y maltrata –sin querer– todas las hojas.

Se hace tarde y se está llegando la hora de la clase en la que María tiene que entregar su trabajo.

María lo que quiere es que la persona, que evidentemente no sabe bien cómo manejar la engargoladora, le entregue su trabajo. A estas alturas, ya no le importa tanto cómo quede: después del altísimo costo que ha tenido que pagar en vueltas, en retrasos, en tiempo, en tensión, María también ha degradado su metro y está no sólo dispuesta sino ansiosa por aceptar lo que previamente habría sido inaceptable.

La realidad mexicana le ha ganado y María misma ha bajado sus estándares. Ya todo lo que quiere es poder entregar a tiempo su trabajo sin importarle tanto si las hojas quedan sueltas o ajadas. Y con el tiempo que le queda no está segura ni siquiera de eso.

A menos que el maestro de su clase llegue tarde o falte, cosa que ocurre con frecuencia. Antes eso la molestaba; hoy, le pide a los santos que suceda.

En general, en México, el metro degradado es la medida ampliamente utilizada para evaluar –cuando algo llega a evaluarse– el desempeño de todo. El *yo* tiene que disminuir sus expectativas y sus estándares.

El *yo* del mexicano tiene que conformarse, así, con buscar y estar agradecido de alcanzar, de conseguir, lo posible y no andar persiguiendo los imposibles de lo reglamentario o lo deseable (que, en el fondo, no es sino otro término para designar lo teórico, lo supuesto, lo abstracto).

Y estos estándares pervertidos se aplican a todos los componentes de su realidad: la verdad, la educación, los productos que uno compra y consume, los servicios que uno solicita y recibe, el transporte público, los comportamientos de las empresas y los gobiernos, etc., y a veces hasta a la felicidad y al amor.

En ese círculo vicioso de metros degradados, el *yo* tiene, muchas veces, que interactuar con otros *yo*s que pueden ser improvisados, incompetentes, irresponsables, indiferentes, aprovechados y, a veces también, ¡bien intencionados! –pero el camino al infierno esté lleno de buenas intenciones.

Y, en muchos casos también, ese mismo *yo* será uno de ellos.

Los ejes de mi carreta

Porque no engraso los ejes
me llaman abandonado.

Andrés Calamaro*:*
Los ejes de mi carreta

"El niño Dios te escrituró un establo y los veneros de petróleo, el diablo" escribe López Velarde en *Suave Patria*.

Me temo que –por falta de mantenimiento– el establo ya se llueve: seguramente ha perdido una gran cantidad de tablas y la paja hace mucho que se acabó; y me temo también que, con los veneros de petróleo, el diablo le escrituró, además, esa manera de atender o desatender el deterioro cotidiano que tienen las cosas por el uso –aún el más cuidadoso– y que parece caracterizar al *yo* del mexicano.

Y en estos casos no podemos aducir que los descuidamos por abstractos o por lejanos. Son las cosas del diario.

No sé si es por flojera; por falta de disciplina y constancia; por la falta de previsión de las acciones correctivas o preventivas subsecuentes; o por esa incapacidad para la evaluación y por los metros degradados que utiliza.

No sé si es por dejarlo para mañana, en ese mañana que nunca llega.

O si esa falta de previsión viene, justamente, porque no se contempla como real ni posible que ese futuro en que se deterioran las cosas verdaderamente llegue.

Da la impresión de que el *yo* del mexicano considera las cosas y las relaciones como algo que se adquiere o se alcanza y que una vez adquirido o alcanzado no cambia ni se deteriora: ni las cosas por el uso ni las relaciones por la vida cotidiana.

La realidad se nos deteriora hasta convertírsenos en chatarra.

Y ello puede ilustrarse muy gráficamente: Como un gran rito urbano, muchas de nuestras ciudades periódicamente establecen como condición para autorizarle al transporte público un incremento en las tarifas, que sustituyan sus unidades destartaladas actuales por unidades nuevas.

Las tarifas suben y se estrenan los camiones nuevos.

En muy poco tiempo y a la vista de todos, las unidades se van deteriorando diariamente y lo que se pudo haber corregido en su momento, acaba finalmente por no tener remedio. Las nuevas unidades acaban en chatarra y así siguen usándose, hasta que se repite el ciclo y el rito se renueva.

Tampoco podemos decir, como a veces se aduce, que esta falta de mantenimiento se debe a las condiciones económicas ni del país ni de los específicamente involucrados, no. Esta actitud frente al mantenimiento persiste en todas las situaciones económicas y se extiende a aspectos que no requerirían de mayores recursos que la atención de los responsables.

Y lo que se ha ilustrado con los camiones urbanos puede aplicarse a casi todos los objetos en la vida cotidiana del mexicano y a muchas de sus relaciones.

Desafortunadamente su falta de mantenimiento no siempre se resuelve tan fácilmente como con la compra de camiones nuevos.

La impunidad

El que nada se oye en esta alberca de
[sombra
no sé cómo mis brazos no se hieren
en tu respiración sigo la angustia del
[crimen
y caes en la red que tiende el sueño

Xavier Villaurrutia: *Nocturno amor*

La ley, los reglamentos, las normas no se cumplen y no pasa absolutamente nada. La mexicana es una cultura de la impunidad.

No importa cuántas leyes logra promulgar el *otro*, el *yo* siempre se las ingenia para romperlas o para ignorarlas completamente.

No existen ni consecuencias ni castigos.

La impunidad es madre de la desvergüenza: El hecho de hacer públicas infracciones y fechorías flagrantes –aún documentadas– por parte de las autoridades –lo que en otras culturas conduciría, por vergüenza, por lo menos a las renuncias de los involucrados y, potencialmente, a su enjuiciamiento penal– en México no genera ni rubor.

Desde lo más inocuo hasta lo más grave, los comportamientos que implican un mayor o un menor grado de delito, en México no tienen consecuencias.

Todo es posible y, a veces, hasta probable.

Hay impunidad no sólo para aquellos delitos para los que hay un consenso amplio y profundo de que son verdaderamente delitos sino, y todavía con aparentemente mayor razón, para aquéllos que grandes sectores de la población, del gobierno y de la justicia en su fuero interno no acaban de vislumbrar como un delito, o porque lo cometen ellos o porque le ven como un mal necesario o un costo colateral.

Hay impunidad para quienes roban, asaltan, secuestran y matan. La justicia criminal en la mayoría de los casos no funciona, sus tiempos de atención son muy breves y cuando llega a funcionar todo es siempre potencialmente negociable.

Hay impunidad para gobernantes y gobernados, policías y ladrones, políticos y electores.

Hay impunidad para quienes violan los derechos humanos. Para muchos, las víctimas mismas se lo buscaron o tuvieron la mala suerte de ponerse o de quedar en medio de un fuego cruzado con un solo tirador.

Hay impunidad para quienes consciente y premeditadamente les hacen la vida imposible o por lo menos, mucho más difícil, a los habitantes de una ciudad, sólo porque son muchos y tienen el número y la fuerza para amedrentar a unas fuerzas públicas naturalmente tímidas o corruptas y a unos políticos convenencieros.

Hay impunidad para quien soborna y para quien se deja sobornar, aún si los hechos se difunden y están también extensamente fundamentados.

Hay impunidad, incluso, para quienes –ostensiblemente en señal de protesta y como desobediencia civil– pintarrajean paredes, rompen cristales o destruyen edificios o monumentos públicos. En México, la impunidad acaba por quitarle todo heroísmo a la desobediencia civil: No hay valentía porque en una cultura de impunidad como la nuestra, tampoco existe ningún riesgo.

Mientras que en otras culturas quienes se lanzan a la desobediencia civil lo hacen, precisamente, para quedar como mártires de su causa al pagar públicamente las consecuencias legales de su desobediencia; en México, como no hay consecuencias, no pasa nada ni se paga por nada. Y al no implicar ningún heroísmo ni requerir la menor valentía, en México, la impunidad acaba por devaluar hasta la desobediencia civil.

Y aunque la impunidad ajena pueda en ocasiones incomodar ligeramente al *yo*, la propia suele convertirse en motivo de orgullo, que puede presumir a familiares y amigos.

El *otro*, en cambio, exige cada vez promulgar más leyes para evitarla y castigarla; y más dureza y constancia para aplicarlas.

La (in)formalidad

Y yo sin nombre y solo con mi cuerpo sin
[nombre
llamándole amarillo al azul y amarillo
a lo que nunca puede jamás ser amarillo;
feliz, desconocido de todos los colores.

Carlos Pellicer:
He olvidado mi nombre

Pocas cosas exhiben mejor la distancia que separa al *otro* del *yo* que la informalidad. Por más que irrite al *otro* y pida nuevas leyes, la informalidad refleja muchas de las actitudes cotidianas del *yo*.

Así, en México parecería que, cada vez más, todos nos estamos moviendo hacia la informalidad: La economía, la política, la justicia.

El problema es que, en cierta medida, informalidad es simplemente un eufemismo para indicar que se opera fuera de la ley, fuera de la formalidad de la ley.

Que no se cumple la ley.

Y no es, como muchas veces se aduce, que la situación económica nos esté forzando y orillando a la informalidad.

No. La informalidad no es un problema de pobreza; es un problema de cultura; de negociar y solapar el incumplimiento de leyes y normas; de aceptar medias tintas; de sentirse más a gusto sin la camisa almidonada; de pasar del usted hasta el tú; de relajarse hasta poder ser uno mismo.

En México, la pobreza existe –aunque no debiera existir en ninguna parte y de ninguna manera– y no se trata de cifras, porcentajes: ya un pobre es demasiado –por más que el *otro* en sus canciones, idealice la pobreza cantándole tristezas, haciéndola plebeya.

El *yo* que tiene que vivirla, ya sabe lo que es la realidad de la pobreza: Ningún compás, ninguna letra, la harán más llevadera.

Pero la informalidad no es un problema de pobreza sino de maneras de ser y de cultura.

Y no sólo se da en la economía y el comercio. Se da en la política y en la justicia y, potencialmente, podría darse en todos los demás ámbitos de la vida nacional.

El diccionario define "informal" como aquél "que no guarda las formas y reglas prevenidas; no convencional; o que en su porte y conducta no observa la conveniente gravedad y puntualidad".

En ese sentido, parecería ser un adjetivo aplicable al *yo* del mexicano por lo bien que lo describe respecto a las reglas y a las conductas, aunque no lo describe para nada en todo lo que se refiere a las formas.

Como sustantivo, "informalidad" tiene dos acepciones: la primera la define como "cualidad de informal"; la segunda, como la "acción o cosa censurable por informal". Y en el fondo es con el acento en esta segunda acepción que normalmente utilizamos el término, y lo enfocamos casi exclusivamente al comercio.

El comercio informal no paga impuestos ni derechos de piso ni Seguro Social ni electricidad ni servicios ni les paga mejor a sus trabajadores –la gran mayoría de las personas que en él participan, porque los que están operándolos generalmente no son sus dueños sino empleados de éstos – aunque tampoco pagan impuestos ni tienen la menor protección laboral.

Pero no sólo es ese comercio, sino también las autoridades y las leyes que no se les aplican que podrían compartir el adjetivo de informales.

En política se da un fenómeno semejante: Por una parte, a los políticos que tienen el suficiente número de seguidores para paralizar la vida cotidiana, no se les aplica la ley independientemente de los delitos que cometan. Por otra parte, los gobiernos y los partidos políticos negocian también la legalidad, es decir, la aplicación de ley.

Esta negociación de la aplicación o no de la ley parecería ser el resultado natural, esperado y sin sorpresas en un país en el que, como el nuestro, impera la impunidad.

Nunca se esperaría, sin embargo –en otra realidad que no fuese la nuestra: incierta, contradictoria y ambigua– que fuesen las mismas instituciones encargadas de hacer cumplir la ley las que, precisamente, negocian abierta o solapadamente su incumplimiento.

Por lo que se refiere a las formas, sin embargo, el término tendría que aplicarse de otra manera, porque el mexicano sí es muy consciente de las formas.

En el ámbito de las formas, el *yo* y el *otro* parecen haber establecido un equilibrio fundamental: Lo informal y lo formal conviven y se complementan. Operan en distintos ámbitos y en diferentes momentos rígidamente separados de la vida cotidiana.

Pepe, el señor de la esquina, *Don* Pepe para los jóvenes, es José Pérez en sus tarjetas de presentación, su vida profesional y los momentos formales –y cuando alguien muere y le manda una corona de flores, ésta va a nombre de José Pérez aún cuando se trate de sus cuates más cercanos. Las formas son las formas.

Legalmente, sin embargo, es José Francisco Pérez Herández (sic) y ¡ay de él! si no lo utiliza con todas sus letras y con esa exacta ortografía (sí, aunque se hayan equivocado al escribir Hernández en el acta original) en todos sus documentos legales, desde su certificado de nacimiento, todos sus certificados escolares, su acta de matrimonio, su testamento y, por supuesto –aunque les toque a otros cerciorarse de ello– su acta de defunción.

Mientras que en otros países se ha reducido o abolido este divorcio entre lo formal y lo informal específicamente en los nombres, éstas son las formas que sí le importan al mexicano.

En otros lugares, la distancia entre la formalidad y la informalidad en los nombres suele reducirse poniendo entre paréntesis lo informal: Sr. José (Pepe) Pérez o simplemente legalizando completamente la realidad, aboliendo totalmente la distancia y utilizando el nombre informal como único nombre, *Pepe* Pérez, aún para los asuntos oficiales o legales – como el presidente *Jimmy* Carter en los EEUU.

Aquí, en cambio, esta dicotomía con los nombres no se limita a las personas. Nuestro país mismo tiene su nombre oficial, Estados Unidos Mexicanos, para monedas, sellos, escudos, proclamas, edificios y documentos oficiales; pero tiene también un nombre informal, México, por el que propios y extraños lo conocemos y llamamos.

Y ello se refleja hasta en los símbolos. El escudo nacional no es exactamente el mismo el que aparece en la bandera y los que aparecen en los documentos oficiales: A pesar de estar ambas águilas de perfil, la que ostenta la bandera es más realista y concreta; la de los documentos oficiales, más estilizada y abstracta.

El *yo* florece en la informalidad, él mismo la alienta y la genera con sus comportamientos habituales, por más que la sufra cuando tiene que lidiar con ella.

El *otro* la rechaza y pide leyes que la haga imposible y apoya procesos periódicos que prometen formalizarla.

El *yo* y el *otro* en cambio, tienen en la formalidad de los nombres y de todo tipo de rituales, uno de sus pocos momentos de encuentro verdadero:

El ritual constituye la expresión más estilizada y acabada de la formalidad, que el *otro* tanto exige y respeta; al mismo tiempo que la hace concreta y evidente –casi palpable– indispensables para que tenga existencia en la vida del *yo*, como real y como verdadera.

En el ritual el *yo* y el *otro* se vuelven uno solo.

La política

Estoy a la intemperie
de todas las estéticas;
operador siniestro
de los grandes sistemas

Manuel Maples Arce:
Canción desde un aeroplano

En México, la política atiende tanto al *yo* como al *otro* del mexicano. A cada uno de los dos le ofrece lo que busca: Concreción e inmediatez al *yo*; abstracción y futuro al *otro*.

Y cuando, a la hora de los comicios, ese mexicano acude a las urnas, nunca se sabe quién es el que va a votar –si va a votar el *yo* o si va a ser el *otro* quien tome la batuta en sus manos.

Las motivaciones del *yo* –como todo él– generalmente son concretas y enraizadas en el aquí y el ahora.

Dependiendo de sus preocupaciones y la escasez o abundancia de sus recursos económicos pueden ir desde votar por el partido que le dio atención odontológica o despensas gratis hasta el que más calles haya construido, más baches haya tapado, o más infraestructura concreta haya realizado.

O por el contrario, sacar del poder al partido que le ha dificultado la vida con actos de gobierno como hacer que se cumplan ciertas leyes molestas, entorpecer con requisitos procesos económicos, o prohibir lo que antes sí se permitía.

Puede suceder, sin embargo, que en su necesidad de concreción, en su necesidad de ver y tocar ahorita y no en el futuro, el *yo* contribuya en la construcción de ese círculo vicioso de dádivas o de regalos que se ha generado en las campañas mismas y que para ese *yo* sería sólo un primer resultado positivo de la elección –independientemente de que sepa que todo ello va en contra de las leyes que, después de todo, para el *yo* las leyes se hicieron precisamente para ignorarse o para romperse.

Hasta no hace mucho –y en algunos casos, todavía– el traer la calcomanía de tal o cual partido político en los cristales del automóvil constituía una patente para la impunidad: Para circular sin placas, estacionarse en cualquier zona prohibida y, en general, causar todo tipo de desmanes con el automóvil sin la menor preocupación ni la menor responsabilidad.

Este es el tipo de incentivos que suelen importarle al *yo*.

Por el contrario, las motivaciones del *otro* –también como todo él– tienen más que ver con las ideologías, los idearios y las promesas de campaña de los partidos y con la idoneidad de sus candidatos.

Aún y cuando los comportamientos de los partidos o de sus candidatos electos sean más parecidos entre sí por los vicios que repiten, el *otro* es incapaz de ver esos errores concretos en el partido que favorece – aunque sí lo ve con toda claridad en sus opositores.

Pero de verlos, su solución sería y ha sido la de siempre: Pedir nuevas leyes o exigir que se modifiquen o adecúen las previas.

Y en esto, a veces vuelven a encontrarse –por supuesto, sin buscarlo– el *otro* y el *yo*. Cuando al *yo* por distintas razones no le gustó que su candidato o su partido perdiera y se vuelca –en caliente– contra los árbitros y las leyes, en eso de las leyes, se encuentra con el *otro* que pide exactamente lo mismo.

Por ello no es casual que después de cada elección acabemos por unanimidad entre el *otro* y el *yo* –también en caliente– con nuevas leyes y nuevas instituciones electorales.

Con todo, a los ojos del *yo*, la política y su ejercicio no han cambiado para nada la naturaleza incierta, amenazante, desordenada de su entorno circundante, y por el contrario, solamente parecen haberlo dejado sin esperanza.

A pesar de toda la incertidumbre y la ambigüedad de su realidad cotidiana y circundante al mexicano –al *yo*– siempre le quedaba la esperanza.

Durante los años de hegemonía del PRI, los mexicanos consideraban que la corrupción imperante se debía al partido en el poder, que la corrupción le era endémica e inconscientemente daba por hecho de que si los otros partidos alcanzaran el poder y pudieran asumirlo, independientemente de su ideología y de sus aciertos o desaciertos políticos, la corrupción automáticamente desaparecería.

Para muchos mexicanos, la sorpresa de la llamada transición democrática es que, si bien ha podido cambiar la ideología del discurso, la corrupción no sólo se mantuvo –y en muchos casos se incrementó– sino que dejó de ocultarse con el cuidado previo.

Jesús Reyes Heroles diría que mientras que el fondo no ha cambiado – y la corrupción y la impunidad se han profundizado y extendido– se han perdido las formas.

Sí, en política, hasta las formas hemos perdido.

Abiertamente y con diversos grados de competencia e incompetencia, los demás partidos parecen haber imitado lo peor del PRI y con un costo muy alto para todos los mexicanos. Un costo no sólo político, sino económico.

En un país de pobres, nuestra política nos cuesta más cara que lo que les cuesta la suya a los países más ricos, con el agravante de que los ricos sí exigen y reciben transparencia; los mexicanos, no: no tenemos derecho a saber cómo se gastan los partidos políticos nuestro dinero.

Y nos cuesta muy caro porque –en nuestras vidas cotidianas– siempre sentimos que si tuviéramos dinero podríamos tener lo que nos falta, lo que queremos.

Y como nos hacía mucha falta, como queríamos democracia, le echamos todo el dinero que no teníamos para asegurarnos de lograrla.

Para asegurar una autonomía que nunca habían tenido, dejamos también que los propios legisladores tuvieran la última palabra sobre sus propios sueldos y con gran largueza ellos mismos se los asignan y, con frecuencia, se los aumentan; son la generosidad misma con respecto a sus aguinaldos; y llegan al extremo de otorgarse liquidaciones millonarias a los términos de sus mandatos.

Por otra parte, para asegurar una equidad de la que nunca habían gozado, dejamos que cantidades extraordinarias de los dineros públicos se destinaran a sostener a los partidos.

Ahora tendrían que ser esos mismos políticos quienes decidan y voten para reducir tanto sus gastos excesivos, como los costos superfluos e intocables que incurrimos al poner nuestra democracia –gateando y tentativa– en el aparador de la ostentación y del símbolo.

Aún si ese imposible aparente sucediera, ¿podrían esos políticos – nuestros políticos– devolvernos esa esperanza que juntos todos nos han quitado?

En política especialmente, el *yo* del mexicano suele comportarse como la novia loca del *Ariel* de José Enrique Rodó: Esta mujer se despierta en la mañana con la ilusión de que ha llegado el día de su boda; se viste de novia; y espera durante todo el día la llegada de su prometido. Al caer la noche, rompiendo en llanto al despojarse del traje de novia sufre la decepción de que el prometido nunca llegó y se hace añicos el encanto, la esperanza de la espera.

Pero a la mañana siguiente, como si nada hubiera pasado, está segura que ese hoy es precisamente el día de su boda y vuelven encanto y esperanza aguardando la llegada inminente de su prometido.

Que, por supuesto, nunca llega.

Por décadas el mexicano ha sido esa novia sexenal que lo espera todo del nuevo presidente y que no hace sino llorar al despojarse del traje de novia al final del sexenio; sólo para olvidarlo todo, vestirse nuevamente de novia y –en el siguiente sexenio– volver a esperarlo todo del nuevo presidente.

Pero hemos ido perdiendo la esperanza. Los partidos políticos nos la han ido quitando, al ser cada uno más ¿peor? de lo mismo.

Aunque la novia se sique vistiendo de novia no sólo con cada sexenio sino, ahora, también con la esperanza de las candidaturas sin partido – con las candidaturas independientes.

Porque de perder esa última esperanza después de haberlo perdido todo, el mexicano se queda –literalmente– a la intemperie.

Secreto eterno

Mentido acaso
por su radiante atmósfera de luces
que oculta mi conciencia derramada,
mis alas rotas en esquirlas de aire,
mi torpe andar a tientas por el lodo;

José Gorostiza: *Muerte sin fin*

En México, parece haber una falta de transparencia en todas partes. Y aunque ahora el *otro* y el *yo* principian a separarse en este rubro, hasta hace muy poco compartían la misma postura, alentándola o siendo totalmente indiferentes.

Parecería que hay opacidad hasta para contestar preguntas tan corteses como el ¿Cómo amaneciste? a la que se responde con un ¿Para qué quieres saberlo?

Esta falta de transparencia parece permear toda la cultura: lo público y lo privado, lo personal y lo profesional.

En México todo es secreto: las finanzas gubernamentales y sindicales, el número de alumnos en una escuela, las partidas presupuestales, y hasta las fórmulas que los bancos utilizan para determinar los intereses reales a partir de los intereses nominales –que mantienen secretas hasta de los propios clientes a quienes, por ley, tienen que extenderles las constancias con esa información para su declaración anual ante

Hacienda– y que se suponen deben ser las mismas para todos los bancos, pero que en realidad no lo son.

¿Por qué? Eso también es un secreto.

Como si al país le hicieran falta ingredientes para alentar y alimentar la incertidumbre y la corrupción, esta falta de transparencia no hace sino favorecerlas.

"La verdad no es, en manera alguna, una necesidad dentro de nuestra vida social y política" nos hace notar Samuel Ramos.

En México la rendición de cuentas y el acceso a la información distan mucho de ser una costumbre, un derecho operante del ciudadano.

Mientras que el *otro* busca fortalecerlo con nuevas leyes y ha obtenido ciertos logros, el *yo* sigue practicando su propia opacidad y su indiferencia.

Al perderse las formas, la muy mermada credibilidad de las autoridades se ha ido paulatinamente diluyendo por su tendencia natural a la opacidad, a ocultar información y a tratar de negar sino el sol con un dedo sí la realidad y los hechos con una serie de declaraciones tan tajantes como ostensiblemente falsas: Al reclamarse algún comportamiento indebido –y generalmente documentado si no es que hasta videograbado– por parte de las propias autoridades y sus agentes –que en otras latitudes sería respondido por lo menos con un cuidadoso y tentativo "vamos a investigarlo"– en México las autoridades todas, desde las más altas a las más bajas, se adelantan y responden con absoluta seguridad y niegan con toda seguridad y, sobre todo, "contundencia" lo sucedido –cuando es evidente que de haber pasado, todavía no habría habido tiempo suficiente para haberlo siquiera investigado y, por tanto, para saber los hechos con alguna certeza.

Esa negación tan falsa como absoluta generalmente se concluye con una absolución teórica, abstracta, general y atemporal, con una declaración como "esas instancias están a toda prueba y jamás se comportan así".

Punto. Fin de toda discusión.

El *otro* ha logrado la promulgación de leyes para fortalecer la transparencia y la rendición de cuentas y tampoco no han faltado las declaraciones gubernamentales aplaudiéndolas y sumándose a ellas, pero el *yo* no logra tener un acceso seguro, constante y expedito a la información y, menos aún, a lograr que sus instituciones le rindan las cuentas que debieran.

En su hermetismo, el *yo* del mexicano puede ser tan cerrado y tan opaco como sus autoridades. Es su prerrogativa: Cuando se representa a sí mismo y sólo a él le atañe, el mexicano no tiene por qué responderle a nadie.

Pero tiene pleno derecho a saber qué se hace con sus impuestos, cómo se distribuyen; cómo se manejan las licitaciones públicas y bajo qué variables se adjudican; cuáles son los resultados de evaluaciones a la gestión, la educación y a la hacienda públicas, etc.

Con la transparencia y el acceso a la información por parte del ciudadano, la relación de poder entre éste y su gobierno se transformaría, moviéndose potencialmente hacia un nuevo aunque todavía desigual equilibrio.

Asimismo, en lo opaco del secreto pueden hacerse muchas cosas que sería más difícil hacer a plena luz del día. La transparencia disminuye el margen de maniobra.

De ahí, la renuencia gubernamental a responder operativamente y en la realidad a esos derechos promulgados.

De ahí, también, la tendencia gubernamental a responder con declaraciones que impiden o, por lo menos, oscurecen su propia rendición de cuentas.

Si alguna vez se diera, la práctica cotidiana del acceso a la información y la rendición de cuentas iría acercando un poco la legislación vigente con las conductas reales de instituciones gubernamentales y de ciudadanos; se iría acercando al *otro* con el *yo*.

El otro

Reducción metafísica que enseña
los erites concibiendo generales
en sólo unas mentales fantasías
donde de la materia se desdeña
el discurso abstraído,
ciencia a formar de los universales

Sor Juana Inés de la Cruz:
Primero Sueño

La contrapartida del *yo* del mexicano es, precisamente, el *otro*.

El *otro* es un ser idealista, disciplinado, consistente, cumplido, ético, rigorista y altamente racional. Se rige por las ideas porque para él ese mundo abstracto no es sino una fiel representación de todo lo concreto y, por ello, no atiende las dificultades y discrepancias que puedan existir para convertir el pensamiento en acto y en realidad.

Aunque comparte con el *yo* su valoración de la amistad y de la familia; del respeto a los viejos; de la verdad y la justicia; de los rituales y las formas; no comparte, sin embargo, su manera de actuar porque para el *otro* el concepto mismo es suficiente *y* no se requiere que tengan un nombre ni se vuelvan concretos.

Ante la realidad del *yo*, la respuesta del *otro* es legislar, establecer normas y mecanismos para reducir la incertidumbre; eliminar la ambigüedad y el autoritarismo; reforzar la democracia y la igualdad; fortalecer la transparencia y exigir la rendición de cuentas; acabar con la impunidad, la informalidad y la corrupción y alentar la credibilidad de individuos e instituciones, así como la confianza en ellos.

La realidad se declara ilegal –"en caso de que fuere como se aduce", porque esa ilegalidad tampoco se reconoce explícita y plenamente ni, menos aún, se acompaña con un mea culpa– y el *otro* promete cambiarla.

La generación de leyes y reglamentos y el establecimiento de burocracias le da seguridad al *otro*: le hace sentir que, con sus directrices, sus trámites, sus procesos, sus requisitos y sus normas, la realidad se vuelve más cierta, más segura y más confiable.

La creación y existencia de una Secretaría, una Comisión, una dependencia, etc., encargada ex-profeso de solucionar los vicios detectados o los problemas que lo aquejan, le hace sentir al *otro* que las cosas están resueltas.

En ese sentido, el *otro* ha hecho proliferar los comités, las comisiones y los grupos *ad-hoc* encargados de investigar aspectos y situaciones muy concretas y muy específicas.

Asimismo, la promulgación de leyes y reglamentos parece prometerle al *otro* que, finalmente, la realidad será domada y sometida al yugo de la razón y del estado de derecho.

Como el *otro* confía tanto en las letras, en las palabras y en las declaraciones, en ellas apoya totalmente su estado de derecho: Para él lo importante es, precisamente, la letra, no el espíritu de sus leyes.

Así, el *otro* promulga la igualdad, no sólo entre los sexos, sino entre ricos y pobres, poderosos y débiles, gobernantes y gobernados; dicta normas de convivencia para regir las relaciones y evitar los abusos de poder; y establece sanciones cada vez más fuertes y onerosas para quien ose violarlas.

Pero hay una gran distancia entre la letra y la realidad, y el *otro* –si la vislumbra– tendría que dar un triple salto mortal, sin red, para alcanzarla.

Poco importa lo que sueña, lo que desea, lo que declara, lo que legisla.

La realidad es otra y se le escapa. Se le escapa porque sólo los actos pueden aprehenderla y el *otro* nada más tiene palabras, declaraciones, discursos.

Dejándose llevar, precisamente, por lo ideal, por el deber ser, el *otro*, a lo largo de toda la historia legislativa mexicana ha promulgado cartas magnas que buscan siempre corregir y redimir su realidad circundante pero que poco o nada tienen que ver con ella en sus maneras de ser y de actuar.

Paradójicamente, por su necesidad por resolver legislativamente todas las instancias específicas que se le presentan y que constantemente busca resolver sin éxito, el *otro* acaba acercándose cada vez más al *yo* en su concreción al redactar las leyes.

Al enfocarlas con tanto detalle al problema en cuestión, en vez de normas generales que incluyan todas las instancias potenciales, tiene que promulgar una nueva ley para cada una.

Y como todo lo quiere elevar a rango constitucional, no ha hecho sino convertir a la propia Constitución de 1917 en un remiendo de reformas que continuamente tienen, a su vez, que ser reformadas.

Así, su poema del 17 acaba enmendado por prosas orientadas a cada momento y a cada situación que lo aterrizan –quizás en demasía.

Como dice Samuel Ramos: "En honor de nuestra raza, debe reconocerse que las ideas han desempeñado un papel de cierta importancia en su historia, a tal punto que, si alguna censura merece, es por haber concedido a menudo, mayor valor a las ideas que a la realidad misma".

Porque hay una gran distancia entre la letra y la realidad, el *otro* cuando salta cae en el lado contrario convertido en un *yo*. Deja de ser lo que era para volverse el mismo *yo* de siempre: resignado, tolerante, aguantador, desconfiado, desordenado, a veces abusivo, siempre batallador.

Lo mismo le pasa al *yo*: Cuando quiere cambiar esa realidad que vive y a la que tiene que enfrentarse cotidianamente: no piensa en sus formas de ser ni en sus maneras; piensa, idealiza y acaba pidiendo leyes.

Así, al dar su propio salto mortal y caer también en el lado contrario, el *yo* acaba también por volverse el *otro*, ese *otro* en el espejo.

La concreción de lo absoluto:
Yo, tú, aquí, ahora

No amo a mi patria.
Su fulgor abstracto
es inasible.
Pero (aunque suene mal)
daría la vida
por diez lugares suyos
cierta gente...

José Emilio Pacheco: *Alta traición*

Como en el soneto *A Cristo crucificado*, al *yo* del mexicano no lo mueve la abstracción del "cielo prometido" ni del "infierno por todos tan temido"; lo mueve lo inmediato, lo concreto, lo visible, lo palpable, el ser de carne y hueso que se llama y que conoce, lo mueve ver a Cristo "clavado en esa cruz y escarnecido".

El mexicano no ama a su patria porque "su fulgor abstracto / es inasible", pero como dice Pacheco, "daría la vida / por diez lugares suyos, / cierta gente, / puertos, bosques, desiertos, fortalezas, / una ciudad deshecha, gris, monstruosa, / varias figuras de su historia, / montañas / –y tres o cuatro ríos":

Al *yo* lo mueve lo concreto, lo que ve, lo que toca; sus lugares, su gente, sus momentos.

Al yo lo mueve la concreción contigua de sus espacios y de su tiempo, la concreción palpable del aquí en el momento que vive.

Porque –para el *yo*– el tiempo no es real ni se convierte en tiempo sino hasta que, como ha dicho Octavio Paz, encarna en este instante inmediato y también concreto del ahora.

Los seres humanos no son sino una abstracción: La gente no es verdaderamente gente sino hasta que se llama, tiene una cara y se reconocen sus rasgos: se vuelve de carne y hueso; es.

La patria es un concepto que sólo se vuelve real por esas gentes con nombre que conviven con uno; por esos cerros familiares que uno ve en las mañanas; por esos muertos que siempre nos acompañan y viven en las cosas que hacemos y creemos; por esas banquetas desiguales y rotas; por el ruido y el tráfico y las siluetas de las ciudades concretas que queremos.

Por la concreción de esos héroes como Hidalgo y Morelos que los pinceles de José Clemente Orozco, Diego Rivera o David Alfaro Siqueiros han vuelto de carne y hueso. Ésa es precisamente la razón por la que los gobiernos después de la Revolución alentaran y subsidiaran esa transformación de las virtudes cívicas y de la historia en personas y figuras concretas.

Por la historia personal y anecdótica –y por lo tanto compartible– de ese niño, joven y hombre "de nación zapoteca" y sus frases citables y repetibles.

Y tal vez por algunas leyes –pero más que como normas operantes concretas– como ideales, como símbolos vivos de lo que somos capaces de querer y de soñar, especialmente si los podemos plasmar, en algún documento y en algunas paredes y monumentos: Encarnarlos.

"Entre los individuos, como entre las naciones, el respeto al derecho ajeno es la paz", o simplemente "El respeto al derecho ajeno es la paz" de Juárez o "La patria es primero" de Vicente Guerrero son más importantes por sus palabras concretas que por los conceptos que implican.

En México, la vida no vale nada si no encarna y se llama, si es ajena, desconocida y conceptual.

Lo concreto y lo inmediato, lo presente de este aquí y de este ahora, tienen un peso muy superior a las generalidades abstractas de conceptos, de leyes y de normas; a los acuerdos previos de citas o contratos con personas ahora ausentes y, por lo tanto, ahora también abstractas; a lo futuro e intangible de un tiempo que no es este instante que vivimos.

Esta concreción cierta, clara, palpable, le permite al *yo* del mexicano espantar los fantasmas de la incertidumbre, la ambigüedad y la confusión de esa realidad a la que tiene que enfrentarse cada mañana al salir de su casa.

El (in)genio

En espejo de sueños estoy junto
[a mí mismo
y mi imagen se asoma alargando
[los brazos
buscando asir lo inasidero,
lo que dentro de mí resuena
como sombra apresada en las tinieblas
que quisiera hallar una luz
para poder nacer.

Alí Chumacero: *Espejo de zozobra*

El ingenio del mexicano es uno de los lugares más comunes y a la vez más debatidos sobre el mexicano.

El diccionario de la Academia define el ingenio como el talento o la capacidad para "discurrir o inventar con prontitud y facilidad".

En el mexicano, nos referimos a esa creatividad aplicada, repentina, apresurada pero efectiva para enfrentarse a su realidad circundante y resolver los retos, los problemas, los obstáculos que continuamente le plantea para su vida cotidiana normal.

Este ingenio parecería concentrarse en dos grandes frentes: el lingüístico y el instrumental.

El común denominador entre ambos es precisamente ese discurrir o inventar con prontitud y facilidad para enfrentar con éxito en ese momento presente, en el aquí y el ahora, una realidad como la mexicana, incierta e indócil, sea con palabras o con artefactos –o simplemente para poder sobrevivirla.

El ingenio instrumental le permite al mexicano resolver con rapidez y con un mínimo de recursos, las carencias o las descomposturas que se le presentan –generalmente apoyándose exclusivamente en lo que casualmente tiene a la mano.

En las redes sociales hay páginas y páginas de ejemplos increíbles con este tipo de soluciones, desde habilitar un bote de plástico para reemplazar la cebolleta faltante de una regadera hasta su conversión en un altoparlante para la música en el teléfono celular cuando las baterías del sistema externo de sonido se han agotado.

Ejemplos hay muchísimos, a cuál más de creativos e ingeniosos –y todos con la única finalidad de resolver un problema inesperado lo más pronto posible con los pocos recursos que se tienen a la mano.

Como se ha comentado previamente, el que tiene que enfrentarse a esa realidad incierta e inesperada es el *yo* del mexicano.

Es el *yo* quien tiene que sortear todos esos obstáculos que de manera habitual y cotidiana le presenta su entorno para poder siquiera intentar aproximarse a hacer lo que, en otros países, lo que, en otras culturas, sería una vida normal: salir de su casa, ir al trabajo, desarrollar su jornada normal, regresar a su casa, etc.

Este ingenio del *yo* es, precisamente, del que hablábamos cuando decíamos –al tratar de la incertidumbre habitual de su mundo– que lo errático y lo fortuito de su realidad le exigían al *yo* absolutamente de todo su ingenio nada más para facilitar su simple supervivencia, para vivir el día y volver a su casa en una sola pieza y no demasiado maltrecho.

Este ingenio del mexicano es pues un ingenio del *yo*, con todas las posibilidades y todas las limitaciones que caracterizan a éste: Es un ingenio enfocado a lo real y a lo concreto de este instante preciso; principia al enfrentar el obstáculo o problema y termina absoluta y definitivamente al ser sorteado o superado éste. Es una flor de un día pero así son los jardines del *yo*.

No se trata del *otro*.

A veces se aduce que este ingenio del mexicano no es sino un mito y para apoyar tal aseveración se aportan diversas estadísticas que indican que México dista mucho de ocupar los primeros lugares entre los países con el mayor número de patentes obtenidas, olvidando que la patente no es sólo producto del ingenio sino muy especialmente de una visión en el tiempo y en el espacio y de una previsión y una planeación que al mexicano de a pie, al *yo*, no le interesa.

Las patentes, como los documentos y las leyes, son –como ya hemos discutido ampliamente– una preocupación del *otro* que al *yo* no le concierne. Él resolvió su problema en el aquí y el ahora de este momento concreto que es lo único real, lo único verdadero, lo único que existe; lo demás, son fantasías.

Si el mexicano fuera uno, sería otra cosa. Pero el *otro* y el *yo* están en mundos diferentes que rara vez se juntan.

El lado problemático del ingenio del *yo*, desde su propia perspectiva, no sería entonces la falta de patentes sino su utilización por el propio *yo* para sortear sus obstáculos y resolver sus problemas saltándose, muchas veces, las trancas, para abusar de los demás y salirse con la suya, para contribuir –en suma– a la incertidumbre e indocilidad mismas de su realidad que tan difícil le hacen la vida.

Porque el ingenio del *yo* también le sirve para encontrar atajos o hacer trampas, para romper todas las reglas y salir adelante a como dé lugar, sin importar que, con ello, contribuya generosamente a hacerles a los demás la vida más difícil y su entorno más incierto.

Flor de un día también, el ingenio lingüístico se manifiesta tanto en la explicación sin fin como en el albur.

El mexicano de a pie, el *yo*, tiene una gran capacidad para dar explicaciones y explicaciones: explicaciones sin fin en argumentos *ad nauseam*, especialmente cuando todo le sale mal, cuando las cosas bajo su responsabilidad no funcionan o cuando no ha logrado los resultados prometidos por él mismo y para los que fue contratado, como si de alguna forma pensara que las palabras fueran a cambiar la realidad de lo que él quisiera negar, justificándola.

Mario Moreno "Cantinflas" retrata y enriquece esta tendencia argumental del *yo* en la pantalla, llevándola casi siempre a sus extremos.

Por otra parte, el albur –ese juego de palabras de doble y, a veces, hasta de triple sentido, que exige aún de mayor rapidez en el discurrir que el ingenio instrumental– es la respuesta del *yo* al discurso y al ingenio ajenos.

Aunque existen hipótesis diversas sobre las motivaciones y los tiempos de sus orígenes, su utilización actual parece ser simplemente jugar unas vencidas verbales con el o los interlocutores y crear simplemente unos fuegos de artificio conceptual –deslumbrantes en ese parpadeo fugaz en el que duran.

Se supone que esta justa verbal va dirigida exclusivamente al o a los interlocutores participantes –y si bien, es muy importante vencer y demostrar un mayor ingenio– generalmente tan o más importantes que éstos son el resto de los oyentes. Si a aquél o aquéllos se les busca vencer (El que titubea, piensa mucho o se queda callado –aunque sea un instante– pierde), a éstos se les busca deslumbrar con la rapidez, riqueza y precisión de un ingenio verbal apabullante –como una ametralladora oral que no consiente la pausa o el silencio.

Nuevamente es el *yo* quien participa y disfruta luciéndose con el albur.

Para el *otro*, el único destino legítimo del lenguaje es el documento que lo fija, da fe como instrumento notarial y le asegura que permanece, no estas flores de un día, no estos juegos verbales de artificio.

La muerte

He aquí que todo viene, todo pasa,
todo, todo se acaba.
¿Pero tú? ¿pero yo? ¿pero nosotros?
¿para qué levantamos la palabra?
¿de qué sirvió el amor?
¿cuál era la muralla
que detenía la muerte? ¿dónde estaba
el niño negro de tu guarda?

Jaime Sabines:
Algo sobre la muerte del Mayor
Sabines

"El muerto al pozo y el vivo al gozo" –y para el mexicano, parte de ese gozo de estar vivo, sería reírse de la muerte.

Dicen y decimos que el mexicano se ríe de la muerte –y si nos referimos al *yo* es totalmente cierto.

Nos reímos de la muerte, pero de la muerte personificada en la flaca, la siriquisiaca, las calacas de dulce, y a pesar de su belleza, esa muerte tan mexicana encarnada en *La Catrina* de José Guadalupe Posada, rebautizada e integrada al paisaje social por Diego Rivera en su mural *Sueño de una tarde de domingo en la Alameda*.

En su momento, *La Catrina* principió como *La Calavera Garbancera*: Con ella, Posada se reía no sólo de la muerte sino de los vivos que pretendían hacerse pasar por todo lo que no eran: indígenas por españoles, clase medieros enriquecidos por aristócratas de vieja estirpe, muertos por vivos –salpicando su estudiada seriedad con su sarcasmo e ironía gráficos. La muerte de Posada está más viva que todos y goza y se divierte como los vivos.

Es una muerte doble, es muerte y es vida: Es una muerte que nos recuerda mucho más a la vida que a la muerte.

Es una muerte que tiene todos los rasgos que la vuelven real para el *yo* del mexicano: Concreta, visible, tiene nombre y se llama; tiene cara y apellidos.

Y por si eso fuera poco, el *yo* puede hacerla aún más real y más concreta en sus versos irreverentes, burlones y festivos del día de muertos, Las Calaveras (originalmente llamadas Panteones), epitafios ingeniosos y burlones para los muertos que todavía están vivos.

El propio José Guadalupe Posada realizó muchas de sus ilustraciones de la muerte –incluyendo *La Calavera Garbancera*– precisamente para distintas publicaciones de Las Calaveras y él mismo escribió no pocas ["Quien quiera gozar de veras/ y divertirse un *ratón,/* venga con las calaveras/ a gozar en el panteón." *Revumbio de calaveras*].

El día de difuntos es, así, un ritual y una fiesta en la que participan tanto el *yo* como el *otro* del mexicano. Para el *yo* es una celebración en la que muertos y tumbas no son más que un pretexto para la fiesta popular al aire libre, para consumir antojitos en los puestos y rematarlos con algunas calaveras de azúcar como postre.

Una manera callada pero evidente de reírse de la muerte es no solo comprar y comernos esas calacas de dulce, sino buscar que lleven nuestros nombres o los de familiares y amigos quienes, al regalárselas, las reciben con festín y con gusto –algo que en otras culturas se vería por lo menos como de muy mal agüero: una muerte que lleva nuestro nombre.

Asimismo, la artesanía mexicana desde antaño elabora juguetes populares de esqueletos que bailan, calaveras que sonríen; ¿la muerte para los niños?; la muerte que, ¿irreverentemente?, acaba como máscara o como títere.

Pero en el fondo, esa muerte no es sino la muerte ajena. Por eso puede volverse concreta, palpable, risible. Sólo la muerte ajena puede materializarse y, por tanto, sentirse real. Por eso es que es *ésa* la muerte a la que festeja y de la que se ríe el *yo*.

La otra, la propia, es inasible y abstracta y, en todo caso, futura, tres características que la hacen inexistente para la manera de ser y para la realidad cotidiana del *yo*.

La muerte propia tiene que enfrentarla el *otro*, puesto que –excepto en el momento mismo de la muerte– no es más que una idea, una abstracción; a suceder en un plazo que no se cumple, en un tiempo que no se llega, en un futuro que no es más que un tiempo verbal.

Para el *otro*, previsor como es, esta muerte genera –como siempre– leyes, disposiciones legales, planeación cuidadosa. Esta muerte –la propia– no es motivo de risa.

Pero esta muerte sólo la ve el *otro*; para bien y para mal no tiene la menor existencia real para el *yo*.

Existe, sin embargo, un gran punto de encuentro:

Para el *otro* la festividad del 1 y 2 de noviembre es una conmemoración solemne de todos los santos y de los fieles difuntos en la que se realizan los ritos de limpiar, reparar y repintar las tumbas; recordar a los muertos con su visita anual; y recitar unas plegarias.

El día de difuntos, el *otro* y el *yo* vuelven a coincidir por un momento en el panteón al degustar un trozo de pan de muerto en el abrazo amarillo del cempasúchil.

Fiel a tu espejo diario

Patria, te doy de tu dicha la clave
sé siempre igual, fiel a tu espejo diari"

López Velarde: *Suave Patria*

¡Ay, paraíso perdido!
Hay que cerrar los ojos para verte.
Y refugiarse en este sueño
que no me perdonan.

Gabriel Zaid:
A su amada madrugadora

Y canto con Chucho Monge: "México lindo y querido / si muero lejos de ti / que digan que estoy dormido / y que me traigan aquí":

Como México no hay dos; como mexicanos, en cambio, dos es, precisamente, lo que somos: cada uno de nosotros es *yo* y es ese *otro* que creemos percibir cuando nos vemos: el *otro* en el espejo.

El mexicano se asoma al espejo y lo que ve no es la imagen de quien verdaderamente es, sino de quien cree ser.

Y, de los dos, sí se hace uno.

El *yo* y el *otro* no sólo son completamente diferentes sino sorprendentemente complementarios: el *otro* en el espejo es, precisamente, todo lo que *yo* no soy; el que me aporta todo lo que me falta.

Juntos cerramos el círculo.

El *yo* vive la concreción del aquí y el ahora; su tiempo es este instante inmenso que dura y dura; su mundo no está poblado ni de ideas ni de prójimos, sino de calles y de cerros, de ríos y de colonias que se habitan, se caminan o se evitan; de gente con cara, con nombre y apellido.

Es un mundo indócil lleno de amenazas e incertidumbre. Un mundo difícil que el mismo *yo* ha contribuido a crear y, ahora a mantener, con sus comportamientos erráticos y desordenados –que no respetan leyes ni reglamentos.

Un mundo destartalado, es decir, descompuesto, desproporcionado y sin orden –aunque la Academia añade que, para México, lo destartalado incluye "desprovisto de lo necesario"– aunque el *yo* se las ingenie para proveerse de lo que le haga falta.

Destartalado y descompuesto, justamente como es el mundo del *yo*. Justamente el mundo que sus comportamientos buscan hacer sobrevivible y habitable. Justamente el mundo que esos mismos comportamientos contribuyen a crear y a mantener destartalado y descompuesto.

El *otro*, en cambio, vive en el mundo ideal del deber ser, de constituciones paradigmáticas, de leyes y documentos, de abstracciones e ideas. Donde el tiempo tiene que manejarse con precisión y puntualidad y en el que hay un futuro que tiene que preverse.

Un mundo en el que Dios y la Patria son conceptos que deben amarse y honrarse por todo lo que significan.

Un mundo de directrices conceptuales que, de aplicarse, resolverían mucho de la problemática cotidiana del *yo*.

Un mundo predecible y articulado; cierto y confiable; regido por leyes que se respetan y promesas y pactos que se cumplen. Por tiempos que sí se llegan y plazos que sí se cumplen.

"Fiel a su espejo diario", el mexicano se encuentra en ambos lados del espejo: el *yo* y el *otro* están ahí sin verse: El *yo* no se da siempre cuenta que lo que ve en el espejo no es a sí mismo sino al *otro*; el *otro*, por su parte, no comprende que es sólo una abstracción sin cara ni apellidos en un *topus uranus* sin montañas ni calles, sin esquinas.

Mientras que –como concluye López Velarde *La suave patria*– el *yo* necesita lo concreto de este aquí y de este ahora con sus "pechugas al vapor; y un trono / a la intemperie, cual una sonaja: / la carretera alegórica de paja".

El divorcio tan radical entre el *yo* y el *otro* permite una convivencia y un matrimonio perfectos entre ambos.

Todo lo que *yo* no tengo, lo tiene el *otro*; todo lo que el *otro* no tiene lo tengo *yo*: ser y creer ser se completan e integran en la unidad indisoluble de las dos medias naranjas que finalmente se encuentran en la soledad de dos en compañía.

Esa perfección le permite al *yo* también esa ceguera para verse solo y sin el *otro*; una ceguera que no es culpa del azogue que lo refleja: el *otro* en el espejo no deja ver al *yo* cuando se asoma y el *yo* tampoco quiere verse.

De eso se trata.

Índice

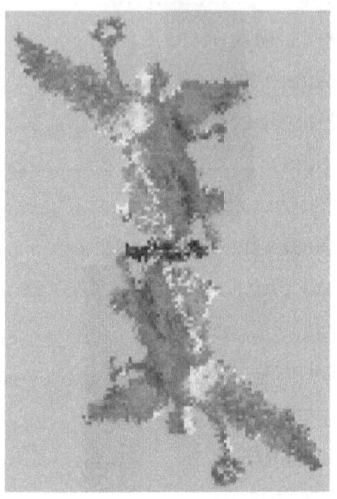

El otro en el espejo de Mariano Ortega
se acabó de imprimir en el mes de
enero de 2016